# 2021 – 2025
## 5-Year Monthly Planner

I. S. Anderson

# 2021 - 2025
## 5-Year Monthly Planner

Copyright © 2020 by I. S. Anderson

ISBN-10: 1-947399-23-3

**ISBN-13: 978-1-947399-23-5**

All rights reserved, including the right to reproduce this journal in whole or any portions thereof, in any form whatsoever.

For more information regarding this publication, contact: **nahjpress@outlook.com**

First Printing, 2020

# 2021 - 2025

## 5-Year Monthly Planner

Belongs To:

_____

# 2021

### JANUARY
| S | M | T | W | T | F | S |
|---|---|---|---|---|---|---|
|   |   |   |   |   | 1 | 2 |
| 3 | 4 | 5 | 6 | 7 | 8 | 9 |
| 10 | 11 | 12 | 13 | 14 | 15 | 16 |
| 17 | 18 | 19 | 20 | 21 | 22 | 23 |
| 24 | 25 | 26 | 27 | 28 | 29 | 30 |
| 31 |   |   |   |   |   |   |

### FEBRUARY
| S | M | T | W | T | F | S |
|---|---|---|---|---|---|---|
|   | 1 | 2 | 3 | 4 | 5 | 6 |
| 7 | 8 | 9 | 10 | 11 | 12 | 13 |
| 14 | 15 | 16 | 17 | 18 | 19 | 20 |
| 21 | 22 | 23 | 24 | 25 | 26 | 27 |
| 28 |   |   |   |   |   |   |

### MARCH
| S | M | T | W | T | F | S |
|---|---|---|---|---|---|---|
|   | 1 | 2 | 3 | 4 | 5 | 6 |
| 7 | 8 | 9 | 10 | 11 | 12 | 13 |
| 14 | 15 | 16 | 17 | 18 | 19 | 20 |
| 21 | 22 | 23 | 24 | 25 | 26 | 27 |
| 28 | 29 | 30 | 31 |   |   |   |

### APRIL
| S | M | T | W | T | F | S |
|---|---|---|---|---|---|---|
|   |   |   |   | 1 | 2 | 3 |
| 4 | 5 | 6 | 7 | 8 | 9 | 10 |
| 11 | 12 | 13 | 14 | 15 | 16 | 17 |
| 18 | 19 | 20 | 21 | 22 | 23 | 24 |
| 25 | 26 | 27 | 28 | 29 | 30 |   |

### MAY
| S | M | T | W | T | F | S |
|---|---|---|---|---|---|---|
|   |   |   |   |   |   | 1 |
| 2 | 3 | 4 | 5 | 6 | 7 | 8 |
| 9 | 10 | 11 | 12 | 13 | 14 | 15 |
| 16 | 17 | 18 | 19 | 20 | 21 | 22 |
| 23 | 24 | 25 | 26 | 27 | 28 | 29 |
| 30 | 31 |   |   |   |   |   |

### JUNE
| S | M | T | W | T | F | S |
|---|---|---|---|---|---|---|
|   |   | 1 | 2 | 3 | 4 | 5 |
| 6 | 7 | 8 | 9 | 10 | 11 | 12 |
| 13 | 14 | 15 | 16 | 17 | 18 | 19 |
| 20 | 21 | 22 | 23 | 24 | 25 | 26 |
| 27 | 28 | 29 | 30 |   |   |   |

### JULY
| S | M | T | W | T | F | S |
|---|---|---|---|---|---|---|
|   |   |   |   | 1 | 2 | 3 |
| 4 | 5 | 6 | 7 | 8 | 9 | 10 |
| 11 | 12 | 13 | 14 | 15 | 16 | 17 |
| 18 | 19 | 20 | 21 | 22 | 23 | 24 |
| 25 | 26 | 27 | 28 | 29 | 30 | 31 |

### AUGUST
| S | M | T | W | T | F | S |
|---|---|---|---|---|---|---|
| 1 | 2 | 3 | 4 | 5 | 6 | 7 |
| 8 | 9 | 10 | 11 | 12 | 13 | 14 |
| 15 | 16 | 17 | 18 | 19 | 20 | 21 |
| 22 | 23 | 24 | 25 | 26 | 27 | 28 |
| 29 | 30 | 31 |   |   |   |   |

### SEPTEMBER
| S | M | T | W | T | F | S |
|---|---|---|---|---|---|---|
|   |   |   | 1 | 2 | 3 | 4 |
| 5 | 6 | 7 | 8 | 9 | 10 | 11 |
| 12 | 13 | 14 | 15 | 16 | 17 | 18 |
| 19 | 20 | 21 | 22 | 23 | 24 | 25 |
| 26 | 27 | 28 | 29 | 30 |   |   |

### OCTOBER
| S | M | T | W | T | F | S |
|---|---|---|---|---|---|---|
|   |   |   |   |   | 1 | 2 |
| 3 | 4 | 5 | 6 | 7 | 8 | 9 |
| 10 | 11 | 12 | 13 | 14 | 15 | 16 |
| 17 | 18 | 19 | 20 | 21 | 22 | 23 |
| 24 | 25 | 26 | 27 | 28 | 29 | 30 |
| 31 |   |   |   |   |   |   |

### NOVEMBER
| S | M | T | W | T | F | S |
|---|---|---|---|---|---|---|
|   | 1 | 2 | 3 | 4 | 5 | 6 |
| 7 | 8 | 9 | 10 | 11 | 12 | 13 |
| 14 | 15 | 16 | 17 | 18 | 19 | 20 |
| 21 | 22 | 23 | 24 | 25 | 26 | 27 |
| 28 | 29 | 30 |   |   |   |   |

### DECEMBER
| S | M | T | W | T | F | S |
|---|---|---|---|---|---|---|
|   |   |   | 1 | 2 | 3 | 4 |
| 5 | 6 | 7 | 8 | 9 | 10 | 11 |
| 12 | 13 | 14 | 15 | 16 | 17 | 18 |
| 19 | 20 | 21 | 22 | 23 | 24 | 25 |
| 26 | 27 | 28 | 29 | 30 | 31 |   |

# 2022

## JANUARY
| S | M | T | W | T | F | S |
|---|---|---|---|---|---|---|
|   |   |   |   |   |   | 1 |
| 2 | 3 | 4 | 5 | 6 | 7 | 8 |
| 9 | 10 | 11 | 12 | 13 | 14 | 15 |
| 16 | 17 | 18 | 19 | 20 | 21 | 22 |
| 23 | 24 | 25 | 26 | 27 | 28 | 29 |
| 30 | 31 |   |   |   |   |   |

## FEBRUARY
| S | M | T | W | T | F | S |
|---|---|---|---|---|---|---|
|   |   | 1 | 2 | 3 | 4 | 5 |
| 6 | 7 | 8 | 9 | 10 | 11 | 12 |
| 13 | 14 | 15 | 16 | 17 | 18 | 19 |
| 20 | 21 | 22 | 23 | 24 | 25 | 26 |
| 27 | 28 |   |   |   |   |   |

## MARCH
| S | M | T | W | T | F | S |
|---|---|---|---|---|---|---|
|   |   | 1 | 2 | 3 | 4 | 5 |
| 6 | 7 | 8 | 9 | 10 | 11 | 12 |
| 13 | 14 | 15 | 16 | 17 | 18 | 19 |
| 20 | 21 | 22 | 23 | 24 | 25 | 26 |
| 27 | 28 | 29 | 30 | 31 |   |   |

## APRIL
| S | M | T | W | T | F | S |
|---|---|---|---|---|---|---|
|   |   |   |   |   | 1 | 2 |
| 3 | 4 | 5 | 6 | 7 | 8 | 9 |
| 10 | 11 | 12 | 13 | 14 | 15 | 16 |
| 17 | 18 | 19 | 20 | 21 | 22 | 23 |
| 24 | 25 | 26 | 27 | 28 | 29 | 30 |

## MAY
| S | M | T | W | T | F | S |
|---|---|---|---|---|---|---|
| 1 | 2 | 3 | 4 | 5 | 6 | 7 |
| 8 | 9 | 10 | 11 | 12 | 13 | 14 |
| 15 | 16 | 17 | 18 | 19 | 20 | 21 |
| 22 | 23 | 24 | 25 | 26 | 27 | 28 |
| 29 | 30 | 31 |   |   |   |   |

## JUNE
| S | M | T | W | T | F | S |
|---|---|---|---|---|---|---|
|   |   |   | 1 | 2 | 3 | 4 |
| 5 | 6 | 7 | 8 | 9 | 10 | 11 |
| 12 | 13 | 14 | 15 | 16 | 17 | 18 |
| 19 | 20 | 21 | 22 | 23 | 24 | 25 |
| 26 | 27 | 28 | 29 | 30 |   |   |

## JULY
| S | M | T | W | T | F | S |
|---|---|---|---|---|---|---|
|   |   |   |   |   | 1 | 2 |
| 3 | 4 | 5 | 6 | 7 | 8 | 9 |
| 10 | 11 | 12 | 13 | 14 | 15 | 16 |
| 17 | 18 | 19 | 20 | 21 | 22 | 23 |
| 24 | 25 | 26 | 27 | 28 | 29 | 30 |
| 31 |   |   |   |   |   |   |

## AUGUST
| S | M | T | W | T | F | S |
|---|---|---|---|---|---|---|
|   | 1 | 2 | 3 | 4 | 5 | 6 |
| 7 | 8 | 9 | 10 | 11 | 12 | 13 |
| 14 | 15 | 16 | 17 | 18 | 19 | 20 |
| 21 | 22 | 23 | 24 | 25 | 26 | 27 |
| 28 | 29 | 30 | 31 |   |   |   |

## SEPTEMBER
| S | M | T | W | T | F | S |
|---|---|---|---|---|---|---|
|   |   |   |   | 1 | 2 | 3 |
| 4 | 5 | 6 | 7 | 8 | 9 | 10 |
| 11 | 12 | 13 | 14 | 15 | 16 | 17 |
| 18 | 19 | 20 | 21 | 22 | 23 | 24 |
| 25 | 26 | 27 | 28 | 29 | 30 |   |

## OCTOBER
| S | M | T | W | T | F | S |
|---|---|---|---|---|---|---|
|   |   |   |   |   |   | 1 |
| 2 | 3 | 4 | 5 | 6 | 7 | 8 |
| 9 | 10 | 11 | 12 | 13 | 14 | 15 |
| 16 | 17 | 18 | 19 | 20 | 21 | 22 |
| 23 | 24 | 25 | 26 | 27 | 28 | 29 |
| 30 | 31 |   |   |   |   |   |

## NOVEMBER
| S | M | T | W | T | F | S |
|---|---|---|---|---|---|---|
|   |   | 1 | 2 | 3 | 4 | 5 |
| 6 | 7 | 8 | 9 | 10 | 11 | 12 |
| 13 | 14 | 15 | 16 | 17 | 18 | 19 |
| 20 | 21 | 22 | 23 | 24 | 25 | 26 |
| 27 | 28 | 29 | 30 |   |   |   |

## DECEMBER
| S | M | T | W | T | F | S |
|---|---|---|---|---|---|---|
|   |   |   |   | 1 | 2 | 3 |
| 4 | 5 | 6 | 7 | 8 | 9 | 10 |
| 11 | 12 | 13 | 14 | 15 | 16 | 17 |
| 18 | 19 | 20 | 21 | 22 | 23 | 24 |
| 25 | 26 | 27 | 28 | 29 | 30 | 31 |

# 2023

## JANUARY
| S | M | T | W | T | F | S |
|---|---|---|---|---|---|---|
| 1 | 2 | 3 | 4 | 5 | 6 | 7 |
| 8 | 9 | 10 | 11 | 12 | 13 | 14 |
| 15 | 16 | 17 | 18 | 19 | 20 | 21 |
| 22 | 23 | 24 | 25 | 26 | 27 | 28 |
| 29 | 30 | 31 | | | | |

## FEBRUARY
| S | M | T | W | T | F | S |
|---|---|---|---|---|---|---|
| | | | 1 | 2 | 3 | 4 |
| 5 | 6 | 7 | 8 | 9 | 10 | 11 |
| 12 | 13 | 14 | 15 | 16 | 17 | 18 |
| 19 | 20 | 21 | 22 | 23 | 24 | 25 |
| 26 | 27 | 28 | | | | |

## MARCH
| S | M | T | W | T | F | S |
|---|---|---|---|---|---|---|
| | | | 1 | 2 | 3 | 4 |
| 5 | 6 | 7 | 8 | 9 | 10 | 11 |
| 12 | 13 | 14 | 15 | 16 | 17 | 18 |
| 19 | 20 | 21 | 22 | 23 | 24 | 25 |
| 26 | 27 | 28 | 29 | 30 | 31 | |

## APRIL
| S | M | T | W | T | F | S |
|---|---|---|---|---|---|---|
| | | | | | | 1 |
| 2 | 3 | 4 | 5 | 6 | 7 | 8 |
| 9 | 10 | 11 | 12 | 13 | 14 | 15 |
| 16 | 17 | 18 | 19 | 20 | 21 | 22 |
| 23 | 24 | 25 | 26 | 27 | 28 | 29 |
| 30 | | | | | | |

## MAY
| S | M | T | W | T | F | S |
|---|---|---|---|---|---|---|
| | 1 | 2 | 3 | 4 | 5 | 6 |
| 7 | 8 | 9 | 10 | 11 | 12 | 13 |
| 14 | 15 | 16 | 17 | 18 | 19 | 20 |
| 21 | 22 | 23 | 24 | 25 | 26 | 27 |
| 28 | 29 | 30 | 31 | | | |

## JUNE
| S | M | T | W | T | F | S |
|---|---|---|---|---|---|---|
| | | | | 1 | 2 | 3 |
| 4 | 5 | 6 | 7 | 8 | 9 | 10 |
| 11 | 12 | 13 | 14 | 15 | 16 | 17 |
| 18 | 19 | 20 | 21 | 22 | 23 | 24 |
| 25 | 26 | 27 | 28 | 29 | 30 | |

## JULY
| S | M | T | W | T | F | S |
|---|---|---|---|---|---|---|
| | | | | | | 1 |
| 2 | 3 | 4 | 5 | 6 | 7 | 8 |
| 9 | 10 | 11 | 12 | 13 | 14 | 15 |
| 16 | 17 | 18 | 19 | 20 | 21 | 22 |
| 23 | 24 | 25 | 26 | 27 | 28 | 29 |
| 30 | 31 | | | | | |

## AUGUST
| S | M | T | W | T | F | S |
|---|---|---|---|---|---|---|
| | | 1 | 2 | 3 | 4 | 5 |
| 6 | 7 | 8 | 9 | 10 | 11 | 12 |
| 13 | 14 | 15 | 16 | 17 | 18 | 19 |
| 20 | 21 | 22 | 23 | 24 | 25 | 26 |
| 27 | 28 | 29 | 30 | 31 | | |

## SEPTEMBER
| S | M | T | W | T | F | S |
|---|---|---|---|---|---|---|
| | | | | | 1 | 2 |
| 3 | 4 | 5 | 6 | 7 | 8 | 9 |
| 10 | 11 | 12 | 13 | 14 | 15 | 16 |
| 17 | 18 | 19 | 20 | 21 | 22 | 23 |
| 24 | 25 | 26 | 27 | 28 | 29 | 30 |

## OCTOBER
| S | M | T | W | T | F | S |
|---|---|---|---|---|---|---|
| 1 | 2 | 3 | 4 | 5 | 6 | 7 |
| 8 | 9 | 10 | 11 | 12 | 13 | 14 |
| 15 | 16 | 17 | 18 | 19 | 20 | 21 |
| 22 | 23 | 24 | 25 | 26 | 27 | 28 |
| 29 | 30 | 31 | | | | |

## NOVEMBER
| S | M | T | W | T | F | S |
|---|---|---|---|---|---|---|
| | | | 1 | 2 | 3 | 4 |
| 5 | 6 | 7 | 8 | 9 | 10 | 11 |
| 12 | 13 | 14 | 15 | 16 | 17 | 18 |
| 19 | 20 | 21 | 22 | 23 | 24 | 25 |
| 26 | 27 | 28 | 29 | 30 | | |

## DECEMBER
| S | M | T | W | T | F | S |
|---|---|---|---|---|---|---|
| | | | | | 1 | 2 |
| 3 | 4 | 5 | 6 | 7 | 8 | 9 |
| 10 | 11 | 12 | 13 | 14 | 15 | 16 |
| 17 | 18 | 19 | 20 | 21 | 22 | 23 |
| 24 | 25 | 26 | 27 | 28 | 29 | 30 |
| 31 | | | | | | |

# 2024

## JANUARY
| S | M | T | W | T | F | S |
|---|---|---|---|---|---|---|
|   | 1 | 2 | 3 | 4 | 5 | 6 |
| 7 | 8 | 9 | 10 | 11 | 12 | 13 |
| 14 | 15 | 16 | 17 | 18 | 19 | 20 |
| 21 | 22 | 23 | 24 | 25 | 26 | 27 |
| 28 | 29 | 30 | 31 |   |   |   |

## FEBRUARY
| S | M | T | W | T | F | S |
|---|---|---|---|---|---|---|
|   |   |   |   | 1 | 2 | 3 |
| 4 | 5 | 6 | 7 | 8 | 9 | 10 |
| 11 | 12 | 13 | 14 | 15 | 16 | 17 |
| 18 | 19 | 20 | 21 | 22 | 23 | 24 |
| 25 | 26 | 27 | 28 | 29 |   |   |

## MARCH
| S | M | T | W | T | F | S |
|---|---|---|---|---|---|---|
|   |   |   |   |   | 1 | 2 |
| 3 | 4 | 5 | 6 | 7 | 8 | 9 |
| 10 | 11 | 12 | 13 | 14 | 15 | 16 |
| 17 | 18 | 19 | 20 | 21 | 22 | 23 |
| 24 | 25 | 26 | 27 | 28 | 29 | 30 |
| 31 |   |   |   |   |   |   |

## APRIL
| S | M | T | W | T | F | S |
|---|---|---|---|---|---|---|
|   | 1 | 2 | 3 | 4 | 5 | 6 |
| 7 | 8 | 9 | 10 | 11 | 12 | 13 |
| 14 | 15 | 16 | 17 | 18 | 19 | 20 |
| 21 | 22 | 23 | 24 | 25 | 26 | 27 |
| 28 | 29 | 30 |   |   |   |   |

## MAY
| S | M | T | W | T | F | S |
|---|---|---|---|---|---|---|
|   |   |   | 1 | 2 | 3 | 4 |
| 5 | 6 | 7 | 8 | 9 | 10 | 11 |
| 12 | 13 | 14 | 15 | 16 | 17 | 18 |
| 19 | 20 | 21 | 22 | 23 | 24 | 25 |
| 26 | 27 | 28 | 29 | 30 | 31 |   |

## JUNE
| S | M | T | W | T | F | S |
|---|---|---|---|---|---|---|
|   |   |   |   |   |   | 1 |
| 2 | 3 | 4 | 5 | 6 | 7 | 8 |
| 9 | 10 | 11 | 12 | 13 | 14 | 15 |
| 16 | 17 | 18 | 19 | 20 | 21 | 22 |
| 23 | 24 | 25 | 26 | 27 | 28 | 29 |
| 30 |   |   |   |   |   |   |

## JULY
| S | M | T | W | T | F | S |
|---|---|---|---|---|---|---|
|   | 1 | 2 | 3 | 4 | 5 | 6 |
| 7 | 8 | 9 | 10 | 11 | 12 | 13 |
| 14 | 15 | 16 | 17 | 18 | 19 | 20 |
| 21 | 22 | 23 | 24 | 25 | 26 | 27 |
| 28 | 29 | 30 | 31 |   |   |   |

## AUGUST
| S | M | T | W | T | F | S |
|---|---|---|---|---|---|---|
|   |   |   |   | 1 | 2 | 3 |
| 4 | 5 | 6 | 7 | 8 | 9 | 10 |
| 11 | 12 | 13 | 14 | 15 | 16 | 17 |
| 18 | 19 | 20 | 21 | 22 | 23 | 24 |
| 25 | 26 | 27 | 28 | 29 | 30 | 31 |

## SEPTEMBER
| S | M | T | W | T | F | S |
|---|---|---|---|---|---|---|
| 1 | 2 | 3 | 4 | 5 | 6 | 7 |
| 8 | 9 | 10 | 11 | 12 | 13 | 14 |
| 15 | 16 | 17 | 18 | 19 | 20 | 21 |
| 22 | 23 | 24 | 25 | 26 | 27 | 28 |
| 29 | 30 |   |   |   |   |   |

## OCTOBER
| S | M | T | W | T | F | S |
|---|---|---|---|---|---|---|
|   |   | 1 | 2 | 3 | 4 | 5 |
| 6 | 7 | 8 | 9 | 10 | 11 | 12 |
| 13 | 14 | 15 | 16 | 17 | 18 | 19 |
| 20 | 21 | 22 | 23 | 24 | 25 | 26 |
| 27 | 28 | 29 | 30 | 31 |   |   |

## NOVEMBER
| S | M | T | W | T | F | S |
|---|---|---|---|---|---|---|
|   |   |   |   |   | 1 | 2 |
| 3 | 4 | 5 | 6 | 7 | 8 | 9 |
| 10 | 11 | 12 | 13 | 14 | 15 | 16 |
| 17 | 18 | 19 | 20 | 21 | 22 | 23 |
| 24 | 25 | 26 | 27 | 28 | 29 | 30 |

## DECEMBER
| S | M | T | W | T | F | S |
|---|---|---|---|---|---|---|
| 1 | 2 | 3 | 4 | 5 | 6 | 7 |
| 8 | 9 | 10 | 11 | 12 | 13 | 14 |
| 15 | 16 | 17 | 18 | 19 | 20 | 21 |
| 22 | 23 | 24 | 25 | 26 | 27 | 28 |
| 29 | 30 | 31 |   |   |   |   |

# 2025

## JANUARY
| S | M | T | W | T | F | S |
|---|---|---|---|---|---|---|
|   |   |   | 1 | 2 | 3 | 4 |
| 5 | 6 | 7 | 8 | 9 | 10 | 11 |
| 12 | 13 | 14 | 15 | 16 | 17 | 18 |
| 19 | 20 | 21 | 22 | 23 | 24 | 25 |
| 26 | 27 | 28 | 29 | 30 | 31 |   |

## FEBRUARY
| S | M | T | W | T | F | S |
|---|---|---|---|---|---|---|
|   |   |   |   |   |   | 1 |
| 2 | 3 | 4 | 5 | 6 | 7 | 8 |
| 9 | 10 | 11 | 12 | 13 | 14 | 15 |
| 16 | 17 | 18 | 19 | 20 | 21 | 22 |
| 23 | 24 | 25 | 26 | 27 | 28 |   |

## MARCH
| S | M | T | W | T | F | S |
|---|---|---|---|---|---|---|
|   |   |   |   |   |   | 1 |
| 2 | 3 | 4 | 5 | 6 | 7 | 8 |
| 9 | 10 | 11 | 12 | 13 | 14 | 15 |
| 16 | 17 | 18 | 19 | 20 | 21 | 22 |
| 23 | 24 | 25 | 26 | 27 | 28 | 29 |
| 30 | 31 |   |   |   |   |   |

## APRIL
| S | M | T | W | T | F | S |
|---|---|---|---|---|---|---|
|   |   | 1 | 2 | 3 | 4 | 5 |
| 6 | 7 | 8 | 9 | 10 | 11 | 12 |
| 13 | 14 | 15 | 16 | 17 | 18 | 19 |
| 20 | 21 | 22 | 23 | 24 | 25 | 26 |
| 27 | 28 | 29 | 30 |   |   |   |

## MAY
| S | M | T | W | T | F | S |
|---|---|---|---|---|---|---|
|   |   |   |   | 1 | 2 | 3 |
| 4 | 5 | 6 | 7 | 8 | 9 | 10 |
| 11 | 12 | 13 | 14 | 15 | 16 | 17 |
| 18 | 19 | 20 | 21 | 22 | 23 | 24 |
| 25 | 26 | 27 | 28 | 29 | 30 | 31 |

## JUNE
| S | M | T | W | T | F | S |
|---|---|---|---|---|---|---|
| 1 | 2 | 3 | 4 | 5 | 6 | 7 |
| 8 | 9 | 10 | 11 | 12 | 13 | 14 |
| 15 | 16 | 17 | 18 | 19 | 20 | 21 |
| 22 | 23 | 24 | 25 | 26 | 27 | 28 |
| 29 | 30 |   |   |   |   |   |

## JULY
| S | M | T | W | T | F | S |
|---|---|---|---|---|---|---|
|   |   | 1 | 2 | 3 | 4 | 5 |
| 6 | 7 | 8 | 9 | 10 | 11 | 12 |
| 13 | 14 | 15 | 16 | 17 | 18 | 19 |
| 20 | 21 | 22 | 23 | 24 | 25 | 26 |
| 27 | 28 | 29 | 30 | 31 |   |   |

## AUGUST
| S | M | T | W | T | F | S |
|---|---|---|---|---|---|---|
|   |   |   |   |   | 1 | 2 |
| 3 | 4 | 5 | 6 | 7 | 8 | 9 |
| 10 | 11 | 12 | 13 | 14 | 15 | 16 |
| 17 | 18 | 19 | 20 | 21 | 22 | 23 |
| 24 | 25 | 26 | 27 | 28 | 29 | 30 |
| 31 |   |   |   |   |   |   |

## SEPTEMBER
| S | M | T | W | T | F | S |
|---|---|---|---|---|---|---|
|   | 1 | 2 | 3 | 4 | 5 | 6 |
| 7 | 8 | 9 | 10 | 11 | 12 | 13 |
| 14 | 15 | 16 | 17 | 18 | 19 | 20 |
| 21 | 22 | 23 | 24 | 25 | 26 | 27 |
| 28 | 29 | 30 |   |   |   |   |

## OCTOBER
| S | M | T | W | T | F | S |
|---|---|---|---|---|---|---|
|   |   |   | 1 | 2 | 3 | 4 |
| 5 | 6 | 7 | 8 | 9 | 10 | 11 |
| 12 | 13 | 14 | 15 | 16 | 17 | 18 |
| 19 | 20 | 21 | 22 | 23 | 24 | 25 |
| 26 | 27 | 28 | 29 | 30 | 31 |   |

## NOVEMBER
| S | M | T | W | T | F | S |
|---|---|---|---|---|---|---|
|   |   |   |   |   |   | 1 |
| 2 | 3 | 4 | 5 | 6 | 7 | 8 |
| 9 | 10 | 11 | 12 | 13 | 14 | 15 |
| 16 | 17 | 18 | 19 | 20 | 21 | 22 |
| 23 | 24 | 25 | 26 | 27 | 28 | 29 |
| 30 |   |   |   |   |   |   |

## DECEMBER
| S | M | T | W | T | F | S |
|---|---|---|---|---|---|---|
|   | 1 | 2 | 3 | 4 | 5 | 6 |
| 7 | 8 | 9 | 10 | 11 | 12 | 13 |
| 14 | 15 | 16 | 17 | 18 | 19 | 20 |
| 21 | 22 | 23 | 24 | 25 | 26 | 27 |
| 28 | 29 | 30 | 31 |   |   |   |

# 2026

## JANUARY
| S | M | T | W | T | F | S |
|---|---|---|---|---|---|---|
|   |   |   |   | 1 | 2 | 3 |
| 4 | 5 | 6 | 7 | 8 | 9 | 10 |
| 11 | 12 | 13 | 14 | 15 | 16 | 17 |
| 18 | 19 | 20 | 21 | 22 | 23 | 24 |
| 25 | 26 | 27 | 28 | 29 | 30 | 31 |

## FEBRUARY
| S | M | T | W | T | F | S |
|---|---|---|---|---|---|---|
| 1 | 2 | 3 | 4 | 5 | 6 | 7 |
| 8 | 9 | 10 | 11 | 12 | 13 | 14 |
| 15 | 16 | 17 | 18 | 19 | 20 | 21 |
| 22 | 23 | 24 | 25 | 26 | 27 | 28 |

## MARCH
| S | M | T | W | T | F | S |
|---|---|---|---|---|---|---|
| 1 | 2 | 3 | 4 | 5 | 6 | 7 |
| 8 | 9 | 10 | 11 | 12 | 13 | 14 |
| 15 | 16 | 17 | 18 | 19 | 20 | 21 |
| 22 | 23 | 24 | 25 | 26 | 27 | 28 |
| 29 | 30 | 31 |   |   |   |   |

## APRIL
| S | M | T | W | T | F | S |
|---|---|---|---|---|---|---|
|   |   |   | 1 | 2 | 3 | 4 |
| 5 | 6 | 7 | 8 | 9 | 10 | 11 |
| 12 | 13 | 14 | 15 | 16 | 17 | 18 |
| 19 | 20 | 21 | 22 | 23 | 24 | 25 |
| 26 | 27 | 28 | 29 | 30 |   |   |

## MAY
| S | M | T | W | T | F | S |
|---|---|---|---|---|---|---|
|   |   |   |   |   | 1 | 2 |
| 3 | 4 | 5 | 6 | 7 | 8 | 9 |
| 10 | 11 | 12 | 13 | 14 | 15 | 16 |
| 17 | 18 | 19 | 20 | 21 | 22 | 23 |
| 24 | 25 | 26 | 27 | 28 | 29 | 30 |
| 31 |   |   |   |   |   |   |

## JUNE
| S | M | T | W | T | F | S |
|---|---|---|---|---|---|---|
|   | 1 | 2 | 3 | 4 | 5 | 6 |
| 7 | 8 | 9 | 10 | 11 | 12 | 13 |
| 14 | 15 | 16 | 17 | 18 | 19 | 20 |
| 21 | 22 | 23 | 24 | 25 | 26 | 27 |
| 28 | 29 | 30 |   |   |   |   |

## JULY
| S | M | T | W | T | F | S |
|---|---|---|---|---|---|---|
|   |   |   | 1 | 2 | 3 | 4 |
| 5 | 6 | 7 | 8 | 9 | 10 | 11 |
| 12 | 13 | 14 | 15 | 16 | 17 | 18 |
| 19 | 20 | 21 | 22 | 23 | 24 | 25 |
| 26 | 27 | 28 | 29 | 30 | 31 |   |

## AUGUST
| S | M | T | W | T | F | S |
|---|---|---|---|---|---|---|
|   |   |   |   |   |   | 1 |
| 2 | 3 | 4 | 5 | 6 | 7 | 8 |
| 9 | 10 | 11 | 12 | 13 | 14 | 15 |
| 16 | 17 | 18 | 19 | 20 | 21 | 22 |
| 23 | 24 | 25 | 26 | 27 | 28 | 29 |
| 30 | 31 |   |   |   |   |   |

## SEPTEMBER
| S | M | T | W | T | F | S |
|---|---|---|---|---|---|---|
|   |   | 1 | 2 | 3 | 4 | 5 |
| 6 | 7 | 8 | 9 | 10 | 11 | 12 |
| 13 | 14 | 15 | 16 | 17 | 18 | 19 |
| 20 | 21 | 22 | 23 | 24 | 25 | 26 |
| 27 | 28 | 29 | 30 |   |   |   |

## OCTOBER
| S | M | T | W | T | F | S |
|---|---|---|---|---|---|---|
|   |   |   |   | 1 | 2 | 3 |
| 4 | 5 | 6 | 7 | 8 | 9 | 10 |
| 11 | 12 | 13 | 14 | 15 | 16 | 17 |
| 18 | 19 | 20 | 21 | 22 | 23 | 24 |
| 25 | 26 | 27 | 28 | 29 | 30 | 31 |

## NOVEMBER
| S | M | T | W | T | F | S |
|---|---|---|---|---|---|---|
| 1 | 2 | 3 | 4 | 5 | 6 | 7 |
| 8 | 9 | 10 | 11 | 12 | 13 | 14 |
| 15 | 16 | 17 | 18 | 19 | 20 | 21 |
| 22 | 23 | 24 | 25 | 26 | 27 | 28 |
| 29 | 30 |   |   |   |   |   |

## DECEMBER
| S | M | T | W | T | F | S |
|---|---|---|---|---|---|---|
|   |   | 1 | 2 | 3 | 4 | 5 |
| 6 | 7 | 8 | 9 | 10 | 11 | 12 |
| 13 | 14 | 15 | 16 | 17 | 18 | 19 |
| 20 | 21 | 22 | 23 | 24 | 25 | 26 |
| 27 | 28 | 29 | 30 | 31 |   |   |

# 2021

| January | February | March | April | May | June |
|---|---|---|---|---|---|
| 1 F | 1 M | 1 M | 1 T | 1 S | 1 T |
| 2 S | 2 T | 2 T | 2 F | 2 S | 2 W |
| 3 S | 3 W | 3 W | 3 S | 3 M | 3 T |
| 4 M | 4 T | 4 T | 4 S | 4 T | 4 F |
| 5 T | 5 F | 5 F | 5 M | 5 W | 5 S |
| 6 W | 6 S | 6 S | 6 T | 6 T | 6 S |
| 7 T | 7 S | 7 S | 7 W | 7 F | 7 M |
| 8 F | 8 M | 8 M | 8 T | 8 S | 8 T |
| 9 S | 9 T | 9 T | 9 F | 9 S | 9 W |
| 10 S | 10 W | 10 W | 10 S | 10 M | 10 T |
| 11 M | 11 T | 11 T | 11 S | 11 T | 11 F |
| 12 T | 12 F | 12 F | 12 M | 12 W | 12 S |
| 13 W | 13 S | 13 S | 13 T | 13 T | 13 S |
| 14 T | 14 S | 14 S | 14 W | 14 F | 14 M |
| 15 F | 15 M | 15 M | 15 T | 15 S | 15 T |
| 16 S | 16 T | 16 T | 16 F | 16 S | 16 W |
| 17 S | 17 W | 17 W | 17 S | 17 M | 17 T |
| 18 M | 18 T | 18 T | 18 S | 18 T | 18 F |
| 19 T | 19 F | 19 F | 19 M | 19 W | 19 S |
| 20 W | 20 S | 20 S | 20 T | 20 T | 20 S |
| 21 T | 21 S | 21 S | 21 W | 21 F | 21 M |
| 22 F | 22 M | 22 M | 22 T | 22 S | 22 T |
| 23 S | 23 T | 23 T | 23 F | 23 S | 23 W |
| 24 S | 24 W | 24 W | 24 S | 24 M | 24 T |
| 25 M | 25 T | 25 T | 25 S | 25 T | 25 F |
| 26 T | 26 F | 26 F | 26 M | 26 W | 26 S |
| 27 W | 27 S | 27 S | 27 T | 27 T | 27 S |
| 28 T | 28 S | 28 S | 28 W | 28 F | 28 M |
| 29 F | | 29 M | 29 T | 29 S | 29 T |
| 30 S | | 30 T | 30 F | 30 S | 30 W |
| 31 S | | 31 W | | 31 M | |

## 2021

| July | August | September | October | November | December |
|---|---|---|---|---|---|
| 1 T | 1 S | 1 W | 1 F | 1 M | 1 W |
| 2 F | 2 M | 2 T | 2 S | 2 T | 2 T |
| 3 S | 3 T | 3 F | 3 S | 3 W | 3 F |
| 4 S | 4 W | 4 S | 4 M | 4 T | 4 S |
| 5 M | 5 T | 5 S | 5 T | 5 F | 5 S |
| 6 T | 6 F | 6 M | 6 W | 6 S | 6 M |
| 7 W | 7 S | 7 T | 7 T | 7 S | 7 T |
| 8 T | 8 S | 8 W | 8 F | 8 M | 8 W |
| 9 F | 9 M | 9 T | 9 S | 9 T | 9 T |
| 10 S | 10 T | 10 F | 10 S | 10 W | 10 F |
| 11 S | 11 W | 11 S | 11 M | 11 T | 11 S |
| 12 M | 12 T | 12 S | 12 T | 12 F | 12 S |
| 13 T | 13 F | 13 M | 13 W | 13 S | 13 M |
| 14 W | 14 S | 14 T | 14 T | 14 S | 14 T |
| 15 T | 15 S | 15 W | 15 F | 15 M | 15 W |
| 16 F | 16 M | 16 T | 16 S | 16 T | 16 T |
| 17 S | 17 T | 17 F | 17 S | 17 W | 17 F |
| 18 S | 18 W | 18 S | 18 M | 18 T | 18 S |
| 19 M | 19 T | 19 S | 19 T | 19 F | 19 S |
| 20 T | 20 F | 20 M | 20 W | 20 S | 20 M |
| 21 W | 21 S | 21 T | 21 T | 21 S | 21 T |
| 22 T | 22 S | 22 W | 22 F | 22 M | 22 W |
| 23 F | 23 M | 23 T | 23 S | 23 T | 23 T |
| 24 S | 24 T | 24 F | 24 S | 24 W | 24 F |
| 25 S | 25 W | 25 S | 25 M | 25 T | 25 S |
| 26 M | 26 T | 26 S | 26 T | 26 F | 26 S |
| 27 T | 27 F | 27 M | 27 W | 27 S | 27 M |
| 28 W | 28 S | 28 T | 28 T | 28 S | 28 T |
| 29 T | 29 S | 29 W | 29 F | 29 M | 29 W |
| 30 F | 30 M | 30 T | 30 S | 30 T | 30 T |
| 31 S | 31 T | | 31 S | | 31 F |

# JANUARY 2021

| SUNDAY | MONDAY | TUESDAY | WEDNESDAY |
|---|---|---|---|
|  |  |  |  |
| 3 | 4 | 5 | 6 |
| 10 | 11 | 12 | 13 |
| 17 | 18 Martin Luther King Jr. Day | 19 | 20 |
| 24 | 25 | 26 | 27 |
| 31 | | | |

DECEMBER 2020
| S | M | T | W | T | F | S |
|---|---|---|---|---|---|---|
|  |  | 1 | 2 | 3 | 4 | 5 |
| 6 | 7 | 8 | 9 | 10 | 11 | 12 |
| 13 | 14 | 15 | 16 | 17 | 18 | 19 |
| 20 | 21 | 22 | 23 | 24 | 25 | 26 |
| 27 | 28 | 29 | 30 | 31 |  |  |

JANUARY
| S | M | T | W | T | F | S |
|---|---|---|---|---|---|---|
|  |  |  |  |  | 1 | 2 |
| 3 | 4 | 5 | 6 | 7 | 8 | 9 |
| 10 | 11 | 12 | 13 | 14 | 15 | 16 |
| 17 | 18 | 19 | 20 | 21 | 22 | 23 |
| 24 | 25 | 26 | 27 | 28 | 29 | 30 |
| 31 |  |  |  |  |  |  |

FEBRUARY
| S | M | T | W | T | F | S |
|---|---|---|---|---|---|---|
|  | 1 | 2 | 3 | 4 | 5 | 6 |
| 7 | 8 | 9 | 10 | 11 | 12 | 13 |
| 14 | 15 | 16 | 17 | 18 | 19 | 20 |
| 21 | 22 | 23 | 24 | 25 | 26 | 27 |
| 28 |  |  |  |  |  |  |

| THURSDAY | FRIDAY | SATURDAY | NOTES |
|---|---|---|---|
|  | 1  New Year's Day | 2 |  |
| 7 | 8 | 9 |  |
| 14 | 15 | 16 |  |
| 21 | 22 | 23 |  |
| 28 | 29 | 30 |  |
| ☐ | ☐ | ☐ |  |
| ☐ | ☐ | ☐ |  |
| ☐ | ☐ | ☐ |  |
| ☐ | ☐ | ☐ |  |
| ☐ | ☐ | ☐ |  |

# FEBRUARY 2021

| SUNDAY | MONDAY | TUESDAY | WEDNESDAY |
|--------|--------|---------|-----------|
|        | 1      | 2       | 3         |
| 7      | 8      | 9       | 10        |
| 14     | 15 — Presidents' Day | 16 | 17 |
| 21     | 22     | 23      | 24        |
| 28     |        |         |           |

### JANUARY
| S | M | T | W | T | F | S |
|---|---|---|---|---|---|---|
|   |   |   |   |   | 1 | 2 |
| 3 | 4 | 5 | 6 | 7 | 8 | 9 |
| 10 | 11 | 12 | 13 | 14 | 15 | 16 |
| 17 | 18 | 19 | 20 | 21 | 22 | 23 |
| 24 | 25 | 26 | 27 | 28 | 29 | 30 |
| 31 |   |   |   |   |   |   |

### FEBRUARY
| S | M | T | W | T | F | S |
|---|---|---|---|---|---|---|
|   | 1 | 2 | 3 | 4 | 5 | 6 |
| 7 | 8 | 9 | 10 | 11 | 12 | 13 |
| 14 | 15 | 16 | 17 | 18 | 19 | 20 |
| 21 | 22 | 23 | 24 | 25 | 26 | 27 |
| 28 |   |   |   |   |   |   |

### MARCH
| S | M | T | W | T | F | S |
|---|---|---|---|---|---|---|
|   | 1 | 2 | 3 | 4 | 5 | 6 |
| 7 | 8 | 9 | 10 | 11 | 12 | 13 |
| 14 | 15 | 16 | 17 | 18 | 19 | 20 |
| 21 | 22 | 23 | 24 | 25 | 26 | 27 |
| 28 | 29 | 30 | 31 |   |   |   |

| THURSDAY | FRIDAY | SATURDAY | NOTES |
|---|---|---|---|
| 4 | 5 | 6 | |
| 11 | 12 | 13 | |
| 18 | 19 | 20 | |
| 25 | 26 | 27 | |
| ☐ | ☐ | ☐ | |
| ☐ | ☐ | ☐ | |
| ☐ | ☐ | ☐ | |
| ☐ | ☐ | ☐ | |
| ☐ | ☐ | ☐ | |

# MARCH 2021

| SUNDAY | MONDAY | TUESDAY | WEDNESDAY |
|---|---|---|---|
|  | 1 | 2 | 3 |
| 7 | 8 | 9 | 10 |
| 14 | 15 | 16 | 17 |
| 21 | 22 | 23 | 24 |
| 28 | 29 | 30 | 31 |

| THURSDAY | FRIDAY | SATURDAY | NOTES |
|---|---|---|---|
| 4 | 5 | 6 | |
| 11 | 12 | 13 | |
| 18 | 19 | 20 | |
| 25 | 26 | 27 | |

☐
☐
☐
☐
☐

# APRIL 2021

| SUNDAY | MONDAY | TUESDAY | WEDNESDAY |
|---|---|---|---|
|  |  |  |  |
| 4 | 5 | 6 | 7 |
| 11 | 12 | 13 | 14 |
| 18 | 19 | 20 | 21 |
| 25 | 26 | 27 | 28 |

MARCH
S M T W T F S
      1 2 3 4 5 6
7 8 9 10 11 12 13
14 15 16 17 18 19 20
21 22 23 24 25 26 27
28 29 30 31

APRIL
S M T W T F S
            1 2 3
4 5 6 7 8 9 10
11 12 13 14 15 16 17
18 19 20 21 22 23 24
25 26 27 28 29 30

MAY
S M T W T F S
                        1
2 3 4 5 6 7 8
9 10 11 12 13 14 15
16 17 18 19 20 21 22
23 24 25 26 27 28 29
30 31

| THURSDAY | FRIDAY | SATURDAY | NOTES |
|---|---|---|---|
| 1 | 2 | 3 | |
| 8 | 9 | 10 | |
| 15 | 16 | 17 | |
| 22 | 23 | 24 | |
| 29 | 30 | | |
| ☐ | ☐ | ☐ | |
| ☐ | ☐ | ☐ | |
| ☐ | ☐ | ☐ | |
| ☐ | ☐ | ☐ | |
| ☐ | ☐ | ☐ | |

# MAY 2021

| SUNDAY | MONDAY | TUESDAY | WEDNESDAY |
|---|---|---|---|
|  |  |  |  |
| 2 | 3 | 4 | 5 |
| 9 | 10 | 11 | 12 |
| 16 | 17 | 18 | 19 |
| 23 | 24 | 25 | 26 |
| 30 | 31<br><br>Memorial Day | | |

APRIL
| S | M | T | W | T | F | S |
|---|---|---|---|---|---|---|
|  |  |  |  | 1 | 2 | 3 |
| 4 | 5 | 6 | 7 | 8 | 9 | 10 |
| 11 | 12 | 13 | 14 | 15 | 16 | 17 |
| 18 | 19 | 20 | 21 | 22 | 23 | 24 |
| 25 | 26 | 27 | 28 | 29 | 30 |  |

MAY
| S | M | T | W | T | F | S |
|---|---|---|---|---|---|---|
|  |  |  |  |  |  | 1 |
| 2 | 3 | 4 | 5 | 6 | 7 | 8 |
| 9 | 10 | 11 | 12 | 13 | 14 | 15 |
| 16 | 17 | 18 | 19 | 20 | 21 | 22 |
| 23 | 24 | 25 | 26 | 27 | 28 | 29 |
| 30 | 31 |  |  |  |  |  |

| THURSDAY | FRIDAY | SATURDAY | NOTES |
|---|---|---|---|
|  |  | 1 |  |
| 6 | 7 | 8 |  |
| 13 | 14 | 15 |  |
| 20 | 21 | 22 |  |
| 27 | 28 | 29 |  |
| ☐ | ☐ | ☐ |  |
| ☐ | ☐ | ☐ |  |
| ☐ | ☐ | ☐ |  |
| ☐ | ☐ | ☐ |  |
| ☐ | ☐ | ☐ |  |
| THURSDAY | FRIDAY | SATURDAY | NOTES |

# JUNE 2021

| SUNDAY | MONDAY | TUESDAY | WEDNESDAY |
|---|---|---|---|
|  |  | 1 | 2 |
| 6 | 7 | 8 | 9 |
| 13 | 14 | 15 | 16 |
| 20 | 21 | 22 | 23 |
| 27 | 28 | 29 | 30 |

MAY
| S | M | T | W | T | F | S |
|---|---|---|---|---|---|---|
|  |  |  |  |  |  | 1 |
| 2 | 3 | 4 | 5 | 6 | 7 | 8 |
| 9 | 10 | 11 | 12 | 13 | 14 | 15 |
| 16 | 17 | 18 | 19 | 20 | 21 | 22 |
| 23 | 24 | 25 | 26 | 27 | 28 | 29 |
| 30 | 31 |  |  |  |  |  |

JUNE
| S | M | T | W | T | F | S |
|---|---|---|---|---|---|---|
|  |  | 1 | 2 | 3 | 4 | 5 |
| 6 | 7 | 8 | 9 | 10 | 11 | 12 |
| 13 | 14 | 15 | 16 | 17 | 18 | 19 |
| 20 | 21 | 22 | 23 | 24 | 25 | 26 |
| 27 | 28 | 29 | 30 |  |  |  |

JULY
| S | M | T | W | T | F | S |
|---|---|---|---|---|---|---|
|  |  |  |  | 1 | 2 | 3 |
| 4 | 5 | 6 | 7 | 8 | 9 | 10 |
| 11 | 12 | 13 | 14 | 15 | 16 | 17 |
| 18 | 19 | 20 | 21 | 22 | 23 | 24 |
| 25 | 26 | 27 | 28 | 29 | 30 | 31 |

| THURSDAY | FRIDAY | SATURDAY | NOTES |
|---|---|---|---|
| 3 | 4 | 5 | |
| 10 | 11 | 12 | |
| 17 | 18 | 19 | |
| 24 | 25 | 26 | |
| ☐ | ☐ | ☐ | |
| ☐ | ☐ | ☐ | |
| ☐ | ☐ | ☐ | |
| ☐ | ☐ | ☐ | |
| ☐ | ☐ | ☐ | |

# JULY 2021

| SUNDAY | MONDAY | TUESDAY | WEDNESDAY |
|---|---|---|---|
|  |  |  |  |
| 4 <br><br> Independence Day | 5 | 6 | 7 |
| 11 | 12 | 13 | 14 |
| 18 | 19 | 20 | 21 |
| 25 | 26 | 27 | 28 |

JUNE
S  M  T  W  T  F  S
       1  2  3  4  5
6  7  8  9  10 11 12
13 14 15 16 17 18 19
20 21 22 23 24 25 26
27 28 29 30

JULY
S  M  T  W  T  F  S
             1  2  3
4  5  6  7  8  9  10
11 12 13 14 15 16 17
18 19 20 21 22 23 24
25 26 27 28 29 30 31

AUGUST
S  M  T  W  T  F  S
1  2  3  4  5  6  7
8  9  10 11 12 13 14
15 16 17 18 19 20 21
22 23 24 25 26 27 28
29 30 31

| THURSDAY | FRIDAY | SATURDAY | NOTES |
|---|---|---|---|
| 1 | 2 | 3 | |
| 8 | 9 | 10 | |
| 15 | 16 | 17 | |
| 22 | 23 | 24 | |
| 29 | 30 | 31 | |
| ☐ | ☐ | ☐ | |
| ☐ | ☐ | ☐ | |
| ☐ | ☐ | ☐ | |
| ☐ | ☐ | ☐ | |
| ☐ | ☐ | ☐ | |

# AUGUST 2021

| SUNDAY | MONDAY | TUESDAY | WEDNESDAY |
|---|---|---|---|
| 1 | 2 | 3 | 4 |
| 8 | 9 | 10 | 11 |
| 15 | 16 | 17 | 18 |
| 22 | 23 | 24 | 25 |
| 29 | 30 | 31 | |

### JULY
| S | M | T | W | T | F | S |
|---|---|---|---|---|---|---|
|   |   |   |   | 1 | 2 | 3 |
| 4 | 5 | 6 | 7 | 8 | 9 | 10 |
| 11 | 12 | 13 | 14 | 15 | 16 | 17 |
| 18 | 19 | 20 | 21 | 22 | 23 | 24 |
| 25 | 26 | 27 | 28 | 29 | 30 | 31 |

### AUGUST
| S | M | T | W | T | F | S |
|---|---|---|---|---|---|---|
| 1 | 2 | 3 | 4 | 5 | 6 | 7 |
| 8 | 9 | 10 | 11 | 12 | 13 | 14 |
| 15 | 16 | 17 | 18 | 19 | 20 | 21 |
| 22 | 23 | 24 | 25 | 26 | 27 | 28 |
| 29 | 30 | 31 |   |   |   |   |

### SEPTEMBER
| S | M | T | W | T | F | S |
|---|---|---|---|---|---|---|
|   |   |   | 1 | 2 | 3 | 4 |
| 5 | 6 | 7 | 8 | 9 | 10 | 11 |
| 12 | 13 | 14 | 15 | 16 | 17 | 18 |
| 19 | 20 | 21 | 22 | 23 | 24 | 25 |
| 26 | 27 | 28 | 29 | 30 |   |   |

| THURSDAY | FRIDAY | SATURDAY | NOTES |
|---|---|---|---|
| 5 | 6 | 7 | |
| 12 | 13 | 14 | |
| 19 | 20 | 21 | |
| 26 | 27 | 28 | |
| ☐ | ☐ | ☐ | |
| ☐ | ☐ | ☐ | |
| ☐ | ☐ | ☐ | |
| ☐ | ☐ | ☐ | |
| ☐ | ☐ | ☐ | |

# SEPTEMBER 2021

| SUNDAY | MONDAY | TUESDAY | WEDNESDAY |
|---|---|---|---|
|  |  |  | 1 |
| 5 | 6 <br><br> Labor Day | 7 | 8 |
| 12 | 13 | 14 | 15 |
| 19 | 20 | 21 | 22 |
| 26 | 27 | 28 | 29 |

AUGUST
S M T W T F S
1 2 3 4 5 6 7
8 9 10 11 12 13 14
15 16 17 18 19 20 21
22 23 24 25 26 27 28
29 30 31

SEPTEMBER
S M T W T F S
           1 2 3 4
5 6 7 8 9 10 11
12 13 14 15 16 17 18
19 20 21 22 23 24 25
26 27 28 29 30

OCTOBER
S M T W T F S
                           1 2
3 4 5 6 7 8 9
10 11 12 13 14 15 16
17 18 19 20 21 22 23
24 25 26 27 28 29 30
31

| THURSDAY | FRIDAY | SATURDAY | NOTES |
|---|---|---|---|
| 2 | 3 | 4 | |
| 9 | 10 | 11 | |
| 16 | 17 | 18 | |
| 23 | 24 | 25 | |
| 30 | | | |
| ☐ | ☐ | ☐ | |
| ☐ | ☐ | ☐ | |
| ☐ | ☐ | ☐ | |
| ☐ | ☐ | ☐ | |
| ☐ | ☐ | ☐ | |

# OCTOBER 2021

| SUNDAY | MONDAY | TUESDAY | WEDNESDAY |
|---|---|---|---|
|  |  |  |  |
| 3 | 4 | 5 | 6 |
| 10 | 11 *Columbus Day* | 12 | 13 |
| 17 | 18 | 19 | 20 |
| 24 | 25 | 26 | 27 |
| 31 |  |  |  |

### SEPTEMBER
| S | M | T | W | T | F | S |
|---|---|---|---|---|---|---|
|  |  |  | 1 | 2 | 3 | 4 |
| 5 | 6 | 7 | 8 | 9 | 10 | 11 |
| 12 | 13 | 14 | 15 | 16 | 17 | 18 |
| 19 | 20 | 21 | 22 | 23 | 24 | 25 |
| 26 | 27 | 28 | 29 | 30 |  |  |

### OCTOBER
| S | M | T | W | T | F | S |
|---|---|---|---|---|---|---|
|  |  |  |  |  | 1 | 2 |
| 3 | 4 | 5 | 6 | 7 | 8 | 9 |
| 10 | 11 | 12 | 13 | 14 | 15 | 16 |
| 17 | 18 | 19 | 20 | 21 | 22 | 23 |
| 24 | 25 | 26 | 27 | 28 | 29 | 30 |
| 31 |  |  |  |  |  |  |

### NOVEMBER
| S | M | T | W | T | F | S |
|---|---|---|---|---|---|---|
|  | 1 | 2 | 3 | 4 | 5 | 6 |
| 7 | 8 | 9 | 10 | 11 | 12 | 13 |
| 14 | 15 | 16 | 17 | 18 | 19 | 20 |
| 21 | 22 | 23 | 24 | 25 | 26 | 27 |
| 28 | 29 | 30 |  |  |  |  |

| THURSDAY | FRIDAY | SATURDAY | NOTES |
|---|---|---|---|
|  | 1 | 2 |  |
| 7 | 8 | 9 |  |
| 14 | 15 | 16 |  |
| 21 | 22 | 23 |  |
| 28 | 29 | 30 |  |
| ☐ | ☐ | ☐ |  |
| ☐ | ☐ | ☐ |  |
| ☐ | ☐ | ☐ |  |
| ☐ | ☐ | ☐ |  |
| ☐ | ☐ | ☐ |  |

# NOVEMBER 2021

| SUNDAY | MONDAY | TUESDAY | WEDNESDAY |
|---|---|---|---|
|  | 1 | 2 | 3 |
| 7 | 8 | 9 | 10 |
| 14 | 15 | 16 | 17 |
| 21 | 22 | 23 | 24 |
| 28 | 29 | 30 |  |

### OCTOBER
| S | M | T | W | T | F | S |
|---|---|---|---|---|---|---|
|  |  |  |  |  | 1 | 2 |
| 3 | 4 | 5 | 6 | 7 | 8 | 9 |
| 10 | 11 | 12 | 13 | 14 | 15 | 16 |
| 17 | 18 | 19 | 20 | 21 | 22 | 23 |
| 24 | 25 | 26 | 27 | 28 | 29 | 30 |
| 31 |  |  |  |  |  |  |

### NOVEMBER
| S | M | T | W | T | F | S |
|---|---|---|---|---|---|---|
|  | 1 | 2 | 3 | 4 | 5 | 6 |
| 7 | 8 | 9 | 10 | 11 | 12 | 13 |
| 14 | 15 | 16 | 17 | 18 | 19 | 20 |
| 21 | 22 | 23 | 24 | 25 | 26 | 27 |
| 28 | 29 | 30 |  |  |  |  |

### DECEMBER
| S | M | T | W | T | F | S |
|---|---|---|---|---|---|---|
|  |  |  | 1 | 2 | 3 | 4 |
| 5 | 6 | 7 | 8 | 9 | 10 | 11 |
| 12 | 13 | 14 | 15 | 16 | 17 | 18 |
| 19 | 20 | 21 | 22 | 23 | 24 | 25 |
| 26 | 27 | 28 | 29 | 30 | 31 |  |

| THURSDAY | FRIDAY | SATURDAY | NOTES |
|---|---|---|---|
| 4 | 5 | 6 | |
| 11 <br><br> Veterans Day | 12 | 13 | |
| 18 | 19 | 20 | |
| 25 <br><br> Thanksgiving Day | 26 | 27 | |
| ☐ | ☐ | ☐ | |
| ☐ | ☐ | ☐ | |
| ☐ | ☐ | ☐ | |
| ☐ | ☐ | ☐ | |
| ☐ | ☐ | ☐ | |

# DECEMBER 2021

| SUNDAY | MONDAY | TUESDAY | WEDNESDAY |
|---|---|---|---|
| | | | 1 |
| 5 | 6 | 7 | 8 |
| 12 | 13 | 14 | 15 |
| 19 | 20 | 21 | 22 |
| 26 | 27 | 28 | 29 |

NOVEMBER
S M T W T F S
   1 2 3 4 5 6
7 8 9 10 11 12 13
14 15 16 17 18 19 20
21 22 23 24 25 26 27
28 29 30

DECEMBER
S M T W T F S
         1 2 3 4
5 6 7 8 9 10 11
12 13 14 15 16 17 18
19 20 21 22 23 24 25
26 27 28 29 30 31

JANUARY 2022
S M T W T F S
                   1
2 3 4 5 6 7 8
9 10 11 12 13 14 15
16 17 18 19 20 21 22
23 24 25 26 27 28 29
30 31

| THURSDAY | FRIDAY | SATURDAY | NOTES |
|---|---|---|---|
| 2 | 3 | 4 | |
| 9 | 10 | 11 | |
| 16 | 17 | 18 | |
| 23 | 24 | 25 Christmas Day | |
| 30 | 31 | | |
| ☐ | ☐ | ☐ | |
| ☐ | ☐ | ☐ | |
| ☐ | ☐ | ☐ | |
| ☐ | ☐ | ☐ | |
| ☐ | ☐ | ☐ | |

2022

2022

| January | February | March | April | May | June |
|---|---|---|---|---|---|
| 1 S | 1 T | 1 T | 1 F | 1 S | 1 W |
| 2 S | 2 W | 2 W | 2 S | 2 M | 2 T |
| 3 M | 3 T | 3 T | 3 S | 3 T | 3 F |
| 4 T | 4 F | 4 F | 4 M | 4 W | 4 S |
| 5 W | 5 S | 5 S | 5 T | 5 T | 5 S |
| 6 T | 6 S | 6 S | 6 W | 6 F | 6 M |
| 7 F | 7 M | 7 M | 7 T | 7 S | 7 T |
| 8 S | 8 T | 8 T | 8 F | 8 S | 8 W |
| 9 S | 9 W | 9 W | 9 S | 9 M | 9 T |
| 10 M | 10 T | 10 T | 10 S | 10 T | 10 F |
| 11 T | 11 F | 11 F | 11 M | 11 W | 11 S |
| 12 W | 12 S | 12 S | 12 T | 12 T | 12 S |
| 13 T | 13 S | 13 S | 13 W | 13 F | 13 M |
| 14 F | 14 M | 14 M | 14 T | 14 S | 14 T |
| 15 S | 15 T | 15 T | 15 F | 15 S | 15 W |
| 16 S | 16 W | 16 W | 16 S | 16 M | 16 T |
| 17 M | 17 T | 17 T | 17 S | 17 T | 17 F |
| 18 T | 18 F | 18 F | 18 M | 18 W | 18 S |
| 19 W | 19 S | 19 S | 19 T | 19 T | 19 S |
| 20 T | 20 S | 20 S | 20 W | 20 F | 20 M |
| 21 F | 21 M | 21 M | 21 T | 21 S | 21 T |
| 22 S | 22 T | 22 T | 22 F | 22 S | 22 W |
| 23 S | 23 W | 23 W | 23 S | 23 M | 23 T |
| 24 M | 24 T | 24 T | 24 S | 24 T | 24 F |
| 25 T | 25 F | 25 F | 25 M | 25 W | 25 S |
| 26 W | 26 S | 26 S | 26 T | 26 T | 26 S |
| 27 T | 27 S | 27 S | 27 W | 27 F | 27 M |
| 28 F | 28 M | 28 M | 28 T | 28 S | 28 T |
| 29 S | | 29 T | 29 F | 29 S | 29 W |
| 30 S | | 30 W | 30 S | 30 M | 30 T |
| 31 M | | 31 T | | 31 T | |

2022

| July | August | September | October | November | December |
|---|---|---|---|---|---|
| 1 F | 1 M | 1 T | 1 S | 1 T | 1 T |
| 2 S | 2 T | 2 F | 2 S | 2 W | 2 F |
| 3 S | 3 W | 3 S | 3 M | 3 T | 3 S |
| 4 M | 4 T | 4 S | 4 T | 4 F | 4 S |
| 5 T | 5 F | 5 M | 5 W | 5 S | 5 M |
| 6 W | 6 S | 6 T | 6 T | 6 S | 6 T |
| 7 T | 7 S | 7 W | 7 F | 7 M | 7 W |
| 8 F | 8 M | 8 T | 8 S | 8 T | 8 T |
| 9 S | 9 T | 9 F | 9 S | 9 W | 9 F |
| 10 S | 10 W | 10 S | 10 M | 10 T | 10 S |
| 11 M | 11 T | 11 S | 11 T | 11 F | 11 S |
| 12 T | 12 F | 12 M | 12 W | 12 S | 12 M |
| 13 W | 13 S | 13 T | 13 T | 13 S | 13 T |
| 14 T | 14 S | 14 W | 14 F | 14 M | 14 W |
| 15 F | 15 M | 15 T | 15 S | 15 T | 15 T |
| 16 S | 16 T | 16 F | 16 S | 16 W | 16 F |
| 17 S | 17 W | 17 S | 17 M | 17 T | 17 S |
| 18 M | 18 T | 18 S | 18 T | 18 F | 18 S |
| 19 T | 19 F | 19 M | 19 W | 19 S | 19 M |
| 20 W | 20 S | 20 T | 20 T | 20 S | 20 T |
| 21 T | 21 S | 21 W | 21 F | 21 M | 21 W |
| 22 F | 22 M | 22 T | 22 S | 22 T | 22 T |
| 23 S | 23 T | 23 F | 23 S | 23 W | 23 F |
| 24 S | 24 W | 24 S | 24 M | 24 T | 24 S |
| 25 M | 25 T | 25 S | 25 T | 25 F | 25 S |
| 26 T | 26 F | 26 M | 26 W | 26 S | 26 M |
| 27 W | 27 S | 27 T | 27 T | 27 S | 27 T |
| 28 T | 28 S | 28 W | 28 F | 28 M | 28 W |
| 29 F | 29 M | 29 T | 29 S | 29 T | 29 T |
| 30 S | 30 T | 30 F | 30 S | 30 W | 30 F |
| 31 S | 31 W | | 31 M | | 31 S |

# JANUARY 2022

| SUNDAY | MONDAY | TUESDAY | WEDNESDAY |
|---|---|---|---|
|  |  |  |  |
| 2 | 3 | 4 | 5 |
| 9 | 10 | 11 | 12 |
| 16 | 17 Martin Luther King Jr. Day | 18 | 19 |
| 23 | 24 | 25 | 26 |
| 30 | 31 |  |  |

| THURSDAY | FRIDAY | SATURDAY | NOTES |
|---|---|---|---|
|  |  | 1 New Year's Day |  |
| 6 | 7 | 8 |  |
| 13 | 14 | 15 |  |
| 20 | 21 | 22 |  |
| 27 | 28 | 29 |  |
| ☐ | ☐ | ☐ |  |
| ☐ | ☐ | ☐ |  |
| ☐ | ☐ | ☐ |  |
| ☐ | ☐ | ☐ |  |
| ☐ | ☐ | ☐ |  |

# FEBRUARY 2022

| SUNDAY | MONDAY | TUESDAY | WEDNESDAY |
|---|---|---|---|
|  |  | 1 | 2 |
| 6 | 7 | 8 | 9 |
| 13 | 14 | 15 | 16 |
| 20 | 21 Presidents' Day | 22 | 23 |
| 27 | 28 |  |  |

JANUARY
S M T W T F S
            1
2 3 4 5 6 7 8
9 10 11 12 13 14 15
16 17 18 19 20 21 22
23 24 25 26 27 28 29
30 31

FEBRUARY
S M T W T F S
    1 2 3 4 5
6 7 8 9 10 11 12
13 14 15 16 17 18 19
20 21 22 23 24 25 26
27 28

MARCH
S M T W T F S
    1 2 3 4 5
6 7 8 9 10 11 12
13 14 15 16 17 18 19
20 21 22 23 24 25 26
27 28 29 30 31

| THURSDAY | FRIDAY | SATURDAY | NOTES |
|---|---|---|---|
| 3 | 4 | 5 | |
| 10 | 11 | 12 | |
| 17 | 18 | 19 | |
| 24 | 25 | 26 | |
| ☐ | ☐ | ☐ | |
| ☐ | ☐ | ☐ | |
| ☐ | ☐ | ☐ | |
| ☐ | ☐ | ☐ | |
| ☐ | ☐ | ☐ | |

# MARCH 2022

| SUNDAY | MONDAY | TUESDAY | WEDNESDAY |
|---|---|---|---|
|  |  | 1 | 2 |
| 6 | 7 | 8 | 9 |
| 13 | 14 | 15 | 16 |
| 20 | 21 | 22 | 23 |
| 27 | 28 | 29 | 30 |

FEBRUARY
S  M  T  W  T  F  S
       1  2  3  4  5
 6  7  8  9 10 11 12
13 14 15 16 17 18 19
20 21 22 23 24 25 26
27 28

MARCH
S  M  T  W  T  F  S
       1  2  3  4  5
 6  7  8  9 10 11 12
13 14 15 16 17 18 19
20 21 22 23 24 25 26
27 28 29 30 31

APRIL
S  M  T  W  T  F  S
                1  2
 3  4  5  6  7  8  9
10 11 12 13 14 15 16
17 18 19 20 21 22 23
24 25 26 27 28 29 30

| THURSDAY | FRIDAY | SATURDAY | NOTES |
|---|---|---|---|
| 3 | 4 | 5 | |
| 10 | 11 | 12 | |
| 17 | 18 | 19 | |
| 24 | 25 | 26 | |
| 31 | | | |
| ☐ | ☐ | ☐ | |
| ☐ | ☐ | ☐ | |
| ☐ | ☐ | ☐ | |
| ☐ | ☐ | ☐ | |
| ☐ | ☐ | ☐ | |

# APRIL 2022

| SUNDAY | MONDAY | TUESDAY | WEDNESDAY |
|--------|--------|---------|-----------|
|        |        |         |           |
| 3      | 4      | 5       | 6         |
| 10     | 11     | 12      | 13        |
| 17     | 18     | 19      | 20        |
| 24     | 25     | 26      | 27        |

MARCH
| S | M | T | W | T | F | S |
|---|---|---|---|---|---|---|
|   |   | 1 | 2 | 3 | 4 | 5 |
| 6 | 7 | 8 | 9 | 10 | 11 | 12 |
| 13 | 14 | 15 | 16 | 17 | 18 | 19 |
| 20 | 21 | 22 | 23 | 24 | 25 | 26 |
| 27 | 28 | 29 | 30 | 31 |   |   |

APRIL
| S | M | T | W | T | F | S |
|---|---|---|---|---|---|---|
|   |   |   |   |   | 1 | 2 |
| 3 | 4 | 5 | 6 | 7 | 8 | 9 |
| 10 | 11 | 12 | 13 | 14 | 15 | 16 |
| 17 | 18 | 19 | 20 | 21 | 22 | 23 |
| 24 | 25 | 26 | 27 | 28 | 29 | 30 |

MAY
| S | M | T | W | T | F | S |
|---|---|---|---|---|---|---|
| 1 | 2 | 3 | 4 | 5 | 6 | 7 |
| 8 | 9 | 10 | 11 | 12 | 13 | 14 |
| 15 | 16 | 17 | 18 | 19 | 20 | 21 |
| 22 | 23 | 24 | 25 | 26 | 27 | 28 |
| 29 | 30 | 31 |   |   |   |   |

| THURSDAY | FRIDAY | SATURDAY | NOTES |
|---|---|---|---|
|  | 1 | 2 |  |
| 7 | 8 | 9 |  |
| 14 | 15 | 16 |  |
| 21 | 22 | 23 |  |
| 28 | 29 | 30 |  |
| ☐ | ☐ | ☐ |  |
| ☐ | ☐ | ☐ |  |
| ☐ | ☐ | ☐ |  |
| ☐ | ☐ | ☐ |  |
| ☐ | ☐ | ☐ |  |

# MAY 2022

| SUNDAY | MONDAY | TUESDAY | WEDNESDAY |
|---|---|---|---|
| 1 | 2 | 3 | 4 |
| 8 | 9 | 10 | 11 |
| 15 | 16 | 17 | 18 |
| 22 | 23 | 24 | 25 |
| 29 | 30 *Memorial Day* | 31 | |

### APRIL
| S | M | T | W | T | F | S |
|---|---|---|---|---|---|---|
|   |   |   |   |   | 1 | 2 |
| 3 | 4 | 5 | 6 | 7 | 8 | 9 |
| 10 | 11 | 12 | 13 | 14 | 15 | 16 |
| 17 | 18 | 19 | 20 | 21 | 22 | 23 |
| 24 | 25 | 26 | 27 | 28 | 29 | 30 |

### MAY
| S | M | T | W | T | F | S |
|---|---|---|---|---|---|---|
| 1 | 2 | 3 | 4 | 5 | 6 | 7 |
| 8 | 9 | 10 | 11 | 12 | 13 | 14 |
| 15 | 16 | 17 | 18 | 19 | 20 | 21 |
| 22 | 23 | 24 | 25 | 26 | 27 | 28 |
| 29 | 30 | 31 |   |   |   |   |

### JUNE
| S | M | T | W | T | F | S |
|---|---|---|---|---|---|---|
|   |   |   | 1 | 2 | 3 | 4 |
| 5 | 6 | 7 | 8 | 9 | 10 | 11 |
| 12 | 13 | 14 | 15 | 16 | 17 | 18 |
| 19 | 20 | 21 | 22 | 23 | 24 | 25 |
| 26 | 27 | 28 | 29 | 30 |   |   |

| THURSDAY | FRIDAY | SATURDAY | NOTES |
|---|---|---|---|
| 5 | 6 | 7 | |
| 12 | 13 | 14 | |
| 19 | 20 | 21 | |
| 26 | 27 | 28 | |
| ☐ | ☐ | ☐ | |
| ☐ | ☐ | ☐ | |
| ☐ | ☐ | ☐ | |
| ☐ | ☐ | ☐ | |
| ☐ | ☐ | ☐ | |

# JUNE 2022

| SUNDAY | MONDAY | TUESDAY | WEDNESDAY |
|---|---|---|---|
|  |  |  | 1 |
| 5 | 6 | 7 | 8 |
| 12 | 13 | 14 | 15 |
| 19 | 20 | 21 | 22 |
| 26 | 27 | 28 | 29 |

MAY
| S | M | T | W | T | F | S |
|---|---|---|---|---|---|---|
| 1 | 2 | 3 | 4 | 5 | 6 | 7 |
| 8 | 9 | 10 | 11 | 12 | 13 | 14 |
| 15 | 16 | 17 | 18 | 19 | 20 | 21 |
| 22 | 23 | 24 | 25 | 26 | 27 | 28 |
| 29 | 30 | 31 |  |  |  |  |

JUNE
| S | M | T | W | T | F | S |
|---|---|---|---|---|---|---|
|  |  |  | 1 | 2 | 3 | 4 |
| 5 | 6 | 7 | 8 | 9 | 10 | 11 |
| 12 | 13 | 14 | 15 | 16 | 17 | 18 |
| 19 | 20 | 21 | 22 | 23 | 24 | 25 |
| 26 | 27 | 28 | 29 | 30 |  |  |

JULY
| S | M | T | W | T | F | S |
|---|---|---|---|---|---|---|
|  |  |  |  |  | 1 | 2 |
| 3 | 4 | 5 | 6 | 7 | 8 | 9 |
| 10 | 11 | 12 | 13 | 14 | 15 | 16 |
| 17 | 18 | 19 | 20 | 21 | 22 | 23 |
| 24 | 25 | 26 | 27 | 28 | 29 | 30 |
| 31 |  |  |  |  |  |  |

| THURSDAY | FRIDAY | SATURDAY | NOTES |
|---|---|---|---|
| 2 | 3 | 4 | |
| 9 | 10 | 11 | |
| 16 | 17 | 18 | |
| 23 | 24 | 25 | |
| 30 | | | |
| ☐ | ☐ | ☐ | |
| ☐ | ☐ | ☐ | |
| ☐ | ☐ | ☐ | |
| ☐ | ☐ | ☐ | |
| ☐ | ☐ | ☐ | |

# JULY 2022

| SUNDAY | MONDAY | TUESDAY | WEDNESDAY |
|---|---|---|---|
| | | | |
| 3 | 4 *Independence Day* | 5 | 6 |
| 10 | 11 | 12 | 13 |
| 17 | 18 | 19 | 20 |
| 24 | 25 | 26 | 27 |
| 31 | JUNE | JULY | AUGUST |

**JUNE**

| S | M | T | W | T | F | S |
|---|---|---|---|---|---|---|
| | | | 1 | 2 | 3 | 4 |
| 5 | 6 | 7 | 8 | 9 | 10 | 11 |
| 12 | 13 | 14 | 15 | 16 | 17 | 18 |
| 19 | 20 | 21 | 22 | 23 | 24 | 25 |
| 26 | 27 | 28 | 29 | 30 | | |

**JULY**

| S | M | T | W | T | F | S |
|---|---|---|---|---|---|---|
| | | | | | 1 | 2 |
| 3 | 4 | 5 | 6 | 7 | 8 | 9 |
| 10 | 11 | 12 | 13 | 14 | 15 | 16 |
| 17 | 18 | 19 | 20 | 21 | 22 | 23 |
| 24 | 25 | 26 | 27 | 28 | 29 | 30 |
| 31 | | | | | | |

**AUGUST**

| S | M | T | W | T | F | S |
|---|---|---|---|---|---|---|
| | 1 | 2 | 3 | 4 | 5 | 6 |
| 7 | 8 | 9 | 10 | 11 | 12 | 13 |
| 14 | 15 | 16 | 17 | 18 | 19 | 20 |
| 21 | 22 | 23 | 24 | 25 | 26 | 27 |
| 28 | 29 | 30 | 31 | | | |

| THURSDAY | FRIDAY | SATURDAY | NOTES |
|---|---|---|---|
|  | 1 | 2 |  |
|  | 8 | 9 |  |
| 14 | 15 | 16 |  |
| 21 | 22 | 23 |  |
| 28 | 29 | 30 |  |
| ☐ | ☐ | ☐ |  |
| ☐ | ☐ | ☐ |  |
| ☐ | ☐ | ☐ |  |
| ☐ | ☐ | ☐ |  |
| ☐ | ☐ | ☐ |  |

# AUGUST 2022

| SUNDAY | MONDAY | TUESDAY | WEDNESDAY |
|---|---|---|---|
|  | 1 | 2 | 3 |
| 7 | 8 | 9 | 10 |
| 14 | 15 | 16 | 17 |
| 21 | 22 | 23 | 24 |
| 28 | 29 | 30 | 31 |

### JULY
| S | M | T | W | T | F | S |
|---|---|---|---|---|---|---|
|  |  |  |  |  | 1 | 2 |
| 3 | 4 | 5 | 6 | 7 | 8 | 9 |
| 10 | 11 | 12 | 13 | 14 | 15 | 16 |
| 17 | 18 | 19 | 20 | 21 | 22 | 23 |
| 24 | 25 | 26 | 27 | 28 | 29 | 30 |
| 31 |  |  |  |  |  |  |

### AUGUST
| S | M | T | W | T | F | S |
|---|---|---|---|---|---|---|
|  | 1 | 2 | 3 | 4 | 5 | 6 |
| 7 | 8 | 9 | 10 | 11 | 12 | 13 |
| 14 | 15 | 16 | 17 | 18 | 19 | 20 |
| 21 | 22 | 23 | 24 | 25 | 26 | 27 |
| 28 | 29 | 30 | 31 |  |  |  |

### SEPTEMBER
| S | M | T | W | T | F | S |
|---|---|---|---|---|---|---|
|  |  |  |  | 1 | 2 | 3 |
| 4 | 5 | 6 | 7 | 8 | 9 | 10 |
| 11 | 12 | 13 | 14 | 15 | 16 | 17 |
| 18 | 19 | 20 | 21 | 22 | 23 | 24 |
| 25 | 26 | 27 | 28 | 29 | 30 |  |

| THURSDAY | FRIDAY | SATURDAY | NOTES |
|---|---|---|---|
| 4 | 5 | 6 | |
| 11 | 12 | 13 | |
| 18 | 19 | 20 | |
| 25 | 26 | 27 | |
| ☐ | ☐ | ☐ | |
| ☐ | ☐ | ☐ | |
| ☐ | ☐ | ☐ | |
| ☐ | ☐ | ☐ | |
| ☐ | ☐ | ☐ | |

# SEPTEMBER 2022

| SUNDAY | MONDAY | TUESDAY | WEDNESDAY |
|---|---|---|---|
|  |  |  |  |
| 4 | 5 *Labor Day* | 6 | 7 |
| 11 | 12 | 13 | 14 |
| 18 | 19 | 20 | 21 |
| 25 | 26 | 27 | 28 |

AUGUST
| S | M | T | W | T | F | S |
|---|---|---|---|---|---|---|
|  | 1 | 2 | 3 | 4 | 5 | 6 |
| 7 | 8 | 9 | 10 | 11 | 12 | 13 |
| 14 | 15 | 16 | 17 | 18 | 19 | 20 |
| 21 | 22 | 23 | 24 | 25 | 26 | 27 |
| 28 | 29 | 30 | 31 |  |  |  |

SEPTEMBER
| S | M | T | W | T | F | S |
|---|---|---|---|---|---|---|
|  |  |  |  | 1 | 2 | 3 |
| 4 | 5 | 6 | 7 | 8 | 9 | 10 |
| 11 | 12 | 13 | 14 | 15 | 16 | 17 |
| 18 | 19 | 20 | 21 | 22 | 23 | 24 |
| 25 | 26 | 27 | 28 | 29 | 30 |  |

OCTOBER
| S | M | T | W | T | F | S |
|---|---|---|---|---|---|---|
|  |  |  |  |  |  | 1 |
| 2 | 3 | 4 | 5 | 6 | 7 | 8 |
| 9 | 10 | 11 | 12 | 13 | 14 | 15 |
| 16 | 17 | 18 | 19 | 20 | 21 | 22 |
| 23 | 24 | 25 | 26 | 27 | 28 | 29 |
| 30 | 31 |  |  |  |  |  |

| THURSDAY | FRIDAY | SATURDAY | NOTES |
|---|---|---|---|
| 1 | 2 | 3 | |
| 8 | 9 | 10 | |
| 15 | 16 | 17 | |
| 22 | 23 | 24 | |
| 29 | 30 | | |
| ☐ | ☐ | ☐ | |
| ☐ | ☐ | ☐ | |
| ☐ | ☐ | ☐ | |
| ☐ | ☐ | ☐ | |
| ☐ | ☐ | ☐ | |

# OCTOBER 2022

| SUNDAY | MONDAY | TUESDAY | WEDNESDAY |
|---|---|---|---|
|  |  |  |  |
| 2 | 3 | 4 | 5 |
| 9 | 10 *Columbus Day* | 11 | 12 |
| 16 | 17 | 18 | 19 |
| 23 | 24 | 25 | 26 |
| 30 | 31 |  |  |

SEPTEMBER
S M T W T F S
          1 2 3
4 5 6 7 8 9 10
11 12 13 14 15 16 17
18 19 20 21 22 23 24
25 26 27 28 29 30

OCTOBER
S M T W T F S
                1
2 3 4 5 6 7 8
9 10 11 12 13 14 15
16 17 18 19 20 21 22
23 24 25 26 27 28 29
30 31

| THURSDAY | FRIDAY | SATURDAY | NOTES |
|---|---|---|---|
|  |  | 1 |  |
| 6 | 7 | 8 |  |
| 13 | 14 | 15 |  |
| 20 | 21 | 22 |  |
| 27 | 28 | 29 |  |
| ☐ | ☐ | ☐ |  |
| ☐ | ☐ | ☐ |  |
| ☐ | ☐ | ☐ |  |
| ☐ | ☐ | ☐ |  |
| ☐ | ☐ | ☐ |  |

# NOVEMBER 2022

| SUNDAY | MONDAY | TUESDAY | WEDNESDAY |
|---|---|---|---|
|  |  | 1 | 2 |
| 6 | 7 | 8 | 9 |
| 13 | 14 | 15 | 16 |
| 20 | 21 | 22 | 23 |
| 27 | 28 | 29 | 30 |

### OCTOBER
| S | M | T | W | T | F | S |
|---|---|---|---|---|---|---|
|  |  |  |  |  |  | 1 |
| 2 | 3 | 4 | 5 | 6 | 7 | 8 |
| 9 | 10 | 11 | 12 | 13 | 14 | 15 |
| 16 | 17 | 18 | 19 | 20 | 21 | 22 |
| 23 | 24 | 25 | 26 | 27 | 28 | 29 |
| 30 | 31 |  |  |  |  |  |

### NOVEMBER
| S | M | T | W | T | F | S |
|---|---|---|---|---|---|---|
|  |  | 1 | 2 | 3 | 4 | 5 |
| 6 | 7 | 8 | 9 | 10 | 11 | 12 |
| 13 | 14 | 15 | 16 | 17 | 18 | 19 |
| 20 | 21 | 22 | 23 | 24 | 25 | 26 |
| 27 | 28 | 29 | 30 |  |  |  |

### DECEMBER
| S | M | T | W | T | F | S |
|---|---|---|---|---|---|---|
|  |  |  |  | 1 | 2 | 3 |
| 4 | 5 | 6 | 7 | 8 | 9 | 10 |
| 11 | 12 | 13 | 14 | 15 | 16 | 17 |
| 18 | 19 | 20 | 21 | 22 | 23 | 24 |
| 25 | 26 | 27 | 28 | 29 | 30 | 31 |

| THURSDAY | FRIDAY | SATURDAY | NOTES |
|---|---|---|---|
| 3 | 4 | 5 | |
| 10 | 11 | 12 | |
| | Veterans Day | | |
| 17 | 18 | 19 | |
| 24 | 25 | 26 | |
| Thanksgiving Day | | | |
| ☐ | ☐ | ☐ | |
| ☐ | ☐ | ☐ | |
| ☐ | ☐ | ☐ | |
| ☐ | ☐ | ☐ | |
| ☐ | ☐ | ☐ | |

# DECEMBER 2022

| SUNDAY | MONDAY | TUESDAY | WEDNESDAY |
|---|---|---|---|
|  |  |  |  |
| 4 | 5 | 6 | 7 |
| 11 | 12 | 13 | 14 |
| 18 | 19 | 20 | 21 |
| 25 *Christmas Day* | 26 | 27 | 28 |

| THURSDAY | FRIDAY | SATURDAY | NOTES |
|---|---|---|---|
| 1 | 2 | 3 | |
| 8 | 9 | 10 | |
| 15 | 16 | 17 | |
| 22 | 23 | 24 | |
| 29 | 30 | 31 | |
| ☐ | ☐ | ☐ | |
| ☐ | ☐ | ☐ | |
| ☐ | ☐ | ☐ | |
| ☐ | ☐ | ☐ | |
| ☐ | ☐ | ☐ | |

2023

2023

| January | February | March | April | May | June |
|---|---|---|---|---|---|
| 1 S | 1 W | 1 W | 1 S | 1 M | 1 T |
| 2 M | 2 T | 2 T | 2 S | 2 T | 2 F |
| 3 T | 3 F | 3 F | 3 M | 3 W | 3 S |
| 4 W | 4 S | 4 S | 4 T | 4 T | 4 S |
| 5 T | 5 S | 5 S | 5 W | 5 F | 5 M |
| 6 F | 6 M | 6 M | 6 T | 6 S | 6 T |
| 7 S | 7 T | 7 T | 7 F | 7 S | 7 W |
| 8 S | 8 W | 8 W | 8 S | 8 M | 8 T |
| 9 M | 9 T | 9 T | 9 S | 9 T | 9 F |
| 10 T | 10 F | 10 F | 10 M | 10 W | 10 S |
| 11 W | 11 S | 11 S | 11 T | 11 T | 11 S |
| 12 T | 12 S | 12 S | 12 W | 12 F | 12 M |
| 13 F | 13 M | 13 M | 13 T | 13 S | 13 T |
| 14 S | 14 T | 14 T | 14 F | 14 S | 14 W |
| 15 S | 15 W | 15 W | 15 S | 15 M | 15 T |
| 16 M | 16 T | 16 T | 16 S | 16 T | 16 F |
| 17 T | 17 F | 17 F | 17 M | 17 W | 17 S |
| 18 W | 18 S | 18 S | 18 T | 18 T | 18 S |
| 19 T | 19 S | 19 S | 19 W | 19 F | 19 M |
| 20 F | 20 M | 20 M | 20 T | 20 S | 20 T |
| 21 S | 21 T | 21 T | 21 F | 21 S | 21 W |
| 22 S | 22 W | 22 W | 22 S | 22 M | 22 T |
| 23 M | 23 T | 23 T | 23 S | 23 T | 23 F |
| 24 T | 24 F | 24 F | 24 M | 24 W | 24 S |
| 25 W | 25 S | 25 S | 25 T | 25 T | 25 S |
| 26 T | 26 S | 26 S | 26 W | 26 F | 26 M |
| 27 F | 27 M | 27 M | 27 T | 27 S | 27 T |
| 28 S | 28 T | 28 T | 28 F | 28 S | 28 W |
| 29 S | | 29 W | 29 S | 29 M | 29 T |
| 30 M | | 30 T | 30 S | 30 T | 30 F |
| 31 T | | 31 F | | 31 W | |

2023

| July | August | September | October | November | December |
|---|---|---|---|---|---|
| 1 S | 1 T | 1 F | 1 S | 1 W | 1 F |
| 2 S | 2 W | 2 S | 2 M | 2 T | 2 S |
| 3 M | 3 T | 3 S | 3 T | 3 F | 3 S |
| 4 T | 4 F | 4 M | 4 W | 4 S | 4 M |
| 5 W | 5 S | 5 T | 5 T | 5 S | 5 T |
| 6 T | 6 S | 6 W | 6 F | 6 M | 6 W |
| 7 F | 7 M | 7 T | 7 S | 7 T | 7 T |
| 8 S | 8 T | 8 F | 8 S | 8 W | 8 F |
| 9 S | 9 W | 9 S | 9 M | 9 T | 9 S |
| 10 M | 10 T | 10 S | 10 T | 10 F | 10 S |
| 11 T | 11 F | 11 M | 11 W | 11 S | 11 M |
| 12 W | 12 S | 12 T | 12 T | 12 S | 12 T |
| 13 T | 13 S | 13 W | 13 F | 13 M | 13 W |
| 14 F | 14 M | 14 T | 14 S | 14 T | 14 T |
| 15 S | 15 T | 15 F | 15 S | 15 W | 15 F |
| 16 S | 16 W | 16 S | 16 M | 16 T | 16 S |
| 17 M | 17 T | 17 S | 17 T | 17 F | 17 S |
| 18 T | 18 F | 18 M | 18 W | 18 S | 18 M |
| 19 W | 19 S | 19 T | 19 T | 19 S | 19 T |
| 20 T | 20 S | 20 W | 20 F | 20 M | 20 W |
| 21 F | 21 M | 21 T | 21 S | 21 T | 21 T |
| 22 S | 22 T | 22 F | 22 S | 22 W | 22 F |
| 23 S | 23 W | 23 S | 23 M | 23 T | 23 S |
| 24 M | 24 T | 24 S | 24 T | 24 F | 24 S |
| 25 T | 25 F | 25 M | 25 W | 25 S | 25 M |
| 26 W | 26 S | 26 T | 26 T | 26 S | 26 T |
| 27 T | 27 S | 27 W | 27 F | 27 M | 27 W |
| 28 F | 28 M | 28 T | 28 S | 28 T | 28 T |
| 29 S | 29 T | 29 F | 29 S | 29 W | 29 F |
| 30 S | 30 W | 30 S | 30 M | 30 T | 30 S |
| 31 M | 31 T | | 31 T | | 31 S |

# JANUARY 2023

| SUNDAY | MONDAY | TUESDAY | WEDNESDAY |
|---|---|---|---|
| 1 *New Year's Day* | 2 | 3 | 4 |
| 8 | 9 | 10 | 11 |
| 15 | 16 *Martin Luther King Jr. Day* | 17 | 18 |
| 22 | 23 | 24 | 25 |
| 29 | 30 | 31 | |

### DECEMBER 2022
| S | M | T | W | T | F | S |
|---|---|---|---|---|---|---|
|   |   |   |   | 1 | 2 | 3 |
| 4 | 5 | 6 | 7 | 8 | 9 | 10 |
| 11 | 12 | 13 | 14 | 15 | 16 | 17 |
| 18 | 19 | 20 | 21 | 22 | 23 | 24 |
| 25 | 26 | 27 | 28 | 29 | 30 | 31 |

### JANUARY
| S | M | T | W | T | F | S |
|---|---|---|---|---|---|---|
| 1 | 2 | 3 | 4 | 5 | 6 | 7 |
| 8 | 9 | 10 | 11 | 12 | 13 | 14 |
| 15 | 16 | 17 | 18 | 19 | 20 | 21 |
| 22 | 23 | 24 | 25 | 26 | 27 | 28 |
| 29 | 30 | 31 |   |   |   |   |

### FEBRUARY
| S | M | T | W | T | F | S |
|---|---|---|---|---|---|---|
|   |   |   | 1 | 2 | 3 | 4 |
| 5 | 6 | 7 | 8 | 9 | 10 | 11 |
| 12 | 13 | 14 | 15 | 16 | 17 | 18 |
| 19 | 20 | 21 | 22 | 23 | 24 | 25 |
| 26 | 27 | 28 |   |   |   |   |

| THURSDAY | FRIDAY | SATURDAY | NOTES |
|---|---|---|---|
| 5 | 6 | 7 | |
| 12 | 13 | 14 | |
| 19 | 20 | 21 | |
| 26 | 27 | 28 | |
| ☐ | ☐ | ☐ | |
| ☐ | ☐ | ☐ | |
| ☐ | ☐ | ☐ | |
| ☐ | ☐ | ☐ | |
| ☐ | ☐ | ☐ | |

# FEBRUARY 2023

| SUNDAY | MONDAY | TUESDAY | WEDNESDAY |
|---|---|---|---|
|  |  |  | 1 |
| 5 | 6 | 7 | 8 |
| 12 | 13 | 14 | 15 |
| 19 | 20 *Presidents' Day* | 21 | 22 |
| 26 | 27 | 28 |  |

JANUARY
S M T W T F S
1 2 3 4 5 6 7
8 9 10 11 12 13 14
15 16 17 18 19 20 21
22 23 24 25 26 27 28
29 30 31

FEBRUARY
S M T W T F S
1 2 3 4
5 6 7 8 9 10 11
12 13 14 15 16 17 18
19 20 21 22 23 24 25
26 27 28

MARCH
S M T W T F S
1 2 3 4
5 6 7 8 9 10 11
12 13 14 15 16 17 18
19 20 21 22 23 24 25
26 27 28 29 30 31

| THURSDAY | FRIDAY | SATURDAY | NOTES |
|---|---|---|---|
| 2 | 3 | 4 | |
| 9 | 10 | 11 | |
| 16 | 17 | 18 | |
| 23 | 24 | 25 | |
| ☐ | ☐ | ☐ | |
| ☐ | ☐ | ☐ | |
| ☐ | ☐ | ☐ | |
| ☐ | ☐ | ☐ | |
| ☐ | ☐ | ☐ | |

# MARCH 2023

| SUNDAY | MONDAY | TUESDAY | WEDNESDAY |
|---|---|---|---|
|  |  |  | 1 |
| 5 | 6 | 7 | 8 |
| 12 | 13 | 14 | 15 |
| 19 | 20 | 21 | 22 |
| 26 | 27 | 28 | 29 |

FEBRUARY
| S | M | T | W | T | F | S |
|---|---|---|---|---|---|---|
|   |   |   | 1 | 2 | 3 | 4 |
| 5 | 6 | 7 | 8 | 9 | 10 | 11 |
| 12 | 13 | 14 | 15 | 16 | 17 | 18 |
| 19 | 20 | 21 | 22 | 23 | 24 | 25 |
| 26 | 27 | 28 |   |   |   |   |

MARCH
| S | M | T | W | T | F | S |
|---|---|---|---|---|---|---|
|   |   |   | 1 | 2 | 3 | 4 |
| 5 | 6 | 7 | 8 | 9 | 10 | 11 |
| 12 | 13 | 14 | 15 | 16 | 17 | 18 |
| 19 | 20 | 21 | 22 | 23 | 24 | 25 |
| 26 | 27 | 28 | 29 | 30 | 31 |   |

APRIL
| S | M | T | W | T | F | S |
|---|---|---|---|---|---|---|
|   |   |   |   |   |   | 1 |
| 2 | 3 | 4 | 5 | 6 | 7 | 8 |
| 9 | 10 | 11 | 12 | 13 | 14 | 15 |
| 16 | 17 | 18 | 19 | 20 | 21 | 22 |
| 23 | 24 | 25 | 26 | 27 | 28 | 29 |
| 30 |   |   |   |   |   |   |

| THURSDAY | FRIDAY | SATURDAY | NOTES |
|---|---|---|---|
| 2 | 3 | 4 | |
| 9 | 10 | 11 | |
| 16 | 17 | 18 | |
| 23 | 24 | 25 | |
| 30 | 31 | | |
| ☐ | ☐ | ☐ | |
| ☐ | ☐ | ☐ | |
| ☐ | ☐ | ☐ | |
| ☐ | ☐ | ☐ | |
| ☐ | ☐ | ☐ | |
| THURSDAY | FRIDAY | SATURDAY | NOTES |

# APRIL 2023

| SUNDAY | MONDAY | TUESDAY | WEDNESDAY |
|---|---|---|---|
|  |  |  |  |
| 2 | 3 | 4 | 5 |
| 9 | 10 | 11 | 12 |
| 16 | 17 | 18 | 19 |
| 23 | 24 | 25 | 26 |
| 30 | | | |

MARCH
| S | M | T | W | T | F | S |
|---|---|---|---|---|---|---|
|   |   |   | 1 | 2 | 3 | 4 |
| 5 | 6 | 7 | 8 | 9 | 10 | 11 |
| 12 | 13 | 14 | 15 | 16 | 17 | 18 |
| 19 | 20 | 21 | 22 | 23 | 24 | 25 |
| 26 | 27 | 28 | 29 | 30 | 31 |   |

APRIL
| S | M | T | W | T | F | S |
|---|---|---|---|---|---|---|
|   |   |   |   |   |   | 1 |
| 2 | 3 | 4 | 5 | 6 | 7 | 8 |
| 9 | 10 | 11 | 12 | 13 | 14 | 15 |
| 16 | 17 | 18 | 19 | 20 | 21 | 22 |
| 23 | 24 | 25 | 26 | 27 | 28 | 29 |
| 30 |   |   |   |   |   |   |

MAY
| S | M | T | W | T | F | S |
|---|---|---|---|---|---|---|
|   | 1 | 2 | 3 | 4 | 5 | 6 |
| 7 | 8 | 9 | 10 | 11 | 12 | 13 |
| 14 | 15 | 16 | 17 | 18 | 19 | 20 |
| 21 | 22 | 23 | 24 | 25 | 26 | 27 |
| 28 | 29 | 30 | 31 |   |   |   |

| THURSDAY | FRIDAY | SATURDAY | NOTES |
|---|---|---|---|
|  |  | 1 |  |
| 6 | 7 | 8 |  |
| 13 | 14 | 15 |  |
| 20 | 21 | 22 |  |
| 27 | 28 | 29 |  |
| ☐ | ☐ | ☐ |  |
| ☐ | ☐ | ☐ |  |
| ☐ | ☐ | ☐ |  |
| ☐ | ☐ | ☐ |  |
| ☐ | ☐ | ☐ |  |

# MAY 2023

| SUNDAY | MONDAY | TUESDAY | WEDNESDAY |
|---|---|---|---|
|  | 1 | 2 | 3 |
| 7 | 8 | 9 | 10 |
| 14 | 15 | 16 | 17 |
| 21 | 22 | 23 | 24 |
| 28 | 29 Memorial Day | 30 | 31 |

APRIL
| S | M | T | W | T | F | S |
|---|---|---|---|---|---|---|
|  |  |  |  |  |  | 1 |
| 2 | 3 | 4 | 5 | 6 | 7 | 8 |
| 9 | 10 | 11 | 12 | 13 | 14 | 15 |
| 16 | 17 | 18 | 19 | 20 | 21 | 22 |
| 23 | 24 | 25 | 26 | 27 | 28 | 29 |
| 30 |  |  |  |  |  |  |

MAY
| S | M | T | W | T | F | S |
|---|---|---|---|---|---|---|
|  | 1 | 2 | 3 | 4 | 5 | 6 |
| 7 | 8 | 9 | 10 | 11 | 12 | 13 |
| 14 | 15 | 16 | 17 | 18 | 19 | 20 |
| 21 | 22 | 23 | 24 | 25 | 26 | 27 |
| 28 | 29 | 30 | 31 |  |  |  |

JUNE
| S | M | T | W | T | F | S |
|---|---|---|---|---|---|---|
|  |  |  |  | 1 | 2 | 3 |
| 4 | 5 | 6 | 7 | 8 | 9 | 10 |
| 11 | 12 | 13 | 14 | 15 | 16 | 17 |
| 18 | 19 | 20 | 21 | 22 | 23 | 24 |
| 25 | 26 | 27 | 28 | 29 | 30 |  |

| THURSDAY | FRIDAY | SATURDAY | NOTES |
|---|---|---|---|
| 4 | 5 | 6 | |
| 11 | 12 | 13 | |
| 18 | 19 | 20 | |
| 25 | 26 | 27 | |
| ☐ | ☐ | ☐ | |
| ☐ | ☐ | ☐ | |
| ☐ | ☐ | ☐ | |
| ☐ | ☐ | ☐ | |
| ☐ | ☐ | ☐ | |

# JUNE 2023

| SUNDAY | MONDAY | TUESDAY | WEDNESDAY |
|---|---|---|---|
|  |  |  |  |
| 4 | 5 | 6 | 7 |
| 11 | 12 | 13 | 14 |
| 18 | 19 | 20 | 21 |
| 25 | 26 | 27 | 28 |

MAY
| S | M | T | W | T | F | S |
|---|---|---|---|---|---|---|
|  | 1 | 2 | 3 | 4 | 5 | 6 |
| 7 | 8 | 9 | 10 | 11 | 12 | 13 |
| 14 | 15 | 16 | 17 | 18 | 19 | 20 |
| 21 | 22 | 23 | 24 | 25 | 26 | 27 |
| 28 | 29 | 30 | 31 |  |  |  |

JUNE
| S | M | T | W | T | F | S |
|---|---|---|---|---|---|---|
|  |  |  |  | 1 | 2 | 3 |
| 4 | 5 | 6 | 7 | 8 | 9 | 10 |
| 11 | 12 | 13 | 14 | 15 | 16 | 17 |
| 18 | 19 | 20 | 21 | 22 | 23 | 24 |
| 25 | 26 | 27 | 28 | 29 | 30 |  |

JULY
| S | M | T | W | T | F | S |
|---|---|---|---|---|---|---|
|  |  |  |  |  |  | 1 |
| 2 | 3 | 4 | 5 | 6 | 7 | 8 |
| 9 | 10 | 11 | 12 | 13 | 14 | 15 |
| 16 | 17 | 18 | 19 | 20 | 21 | 22 |
| 23 | 24 | 25 | 26 | 27 | 28 | 29 |
| 30 | 31 |  |  |  |  |  |

| THURSDAY | FRIDAY | SATURDAY | NOTES |
|---|---|---|---|
| 1 | 2 | 3 | |
| 8 | 9 | 10 | |
| 15 | 16 | 17 | |
| 22 | 23 | 24 | |
| 29 | 30 | | |
| ☐ | ☐ | ☐ | |
| ☐ | ☐ | ☐ | |
| ☐ | ☐ | ☐ | |
| ☐ | ☐ | ☐ | |
| ☐ | ☐ | ☐ | |

# JULY 2023

| SUNDAY | MONDAY | TUESDAY | WEDNESDAY |
|---|---|---|---|
|  |  |  |  |
| 2 | 3 | 4 *Independence Day* | 5 |
| 9 | 10 | 11 | 12 |
| 16 | 17 | 18 | 19 |
| 23 | 24 | 25 | 26 |
| 30 | 31 | | |

| THURSDAY | FRIDAY | SATURDAY | NOTES |
|---|---|---|---|
|  |  | 1 |  |
| 6 | 7 | 8 |  |
| 13 | 14 | 15 |  |
| 20 | 21 | 22 |  |
| 27 | 28 | 29 |  |
| ☐ | ☐ | ☐ |  |
| ☐ | ☐ | ☐ |  |
| ☐ | ☐ | ☐ |  |
| ☐ | ☐ | ☐ |  |
| ☐ | ☐ | ☐ |  |
| THURSDAY | FRIDAY | SATURDAY |  |

# AUGUST 2023

| SUNDAY | MONDAY | TUESDAY | WEDNESDAY |
|---|---|---|---|
|  |  | 1 | 2 |
| 6 | 7 | 8 | 9 |
| 13 | 14 | 15 | 16 |
| 20 | 21 | 22 | 23 |
| 27 | 28 | 29 | 30 |

### JULY
| S | M | T | W | T | F | S |
|---|---|---|---|---|---|---|
|  |  |  |  |  |  | 1 |
| 2 | 3 | 4 | 5 | 6 | 7 | 8 |
| 9 | 10 | 11 | 12 | 13 | 14 | 15 |
| 16 | 17 | 18 | 19 | 20 | 21 | 22 |
| 23 | 24 | 25 | 26 | 27 | 28 | 29 |
| 30 | 31 |  |  |  |  |  |

### AUGUST
| S | M | T | W | T | F | S |
|---|---|---|---|---|---|---|
|  |  | 1 | 2 | 3 | 4 | 5 |
| 6 | 7 | 8 | 9 | 10 | 11 | 12 |
| 13 | 14 | 15 | 16 | 17 | 18 | 19 |
| 20 | 21 | 22 | 23 | 24 | 25 | 26 |
| 27 | 28 | 29 | 30 | 31 |  |  |

### SEPTEMBER
| S | M | T | W | T | F | S |
|---|---|---|---|---|---|---|
|  |  |  |  |  | 1 | 2 |
| 3 | 4 | 5 | 6 | 7 | 8 | 9 |
| 10 | 11 | 12 | 13 | 14 | 15 | 16 |
| 17 | 18 | 19 | 20 | 21 | 22 | 23 |
| 24 | 25 | 26 | 27 | 28 | 29 | 30 |

| THURSDAY | FRIDAY | SATURDAY | NOTES |
|---|---|---|---|
| 3 | 4 | 5 | |
| 10 | 11 | 12 | |
| 17 | 18 | 19 | |
| 24 | 25 | 26 | |
| 31 | | | |
| ☐ | ☐ | ☐ | |
| ☐ | ☐ | ☐ | |
| ☐ | ☐ | ☐ | |
| ☐ | ☐ | ☐ | |
| ☐ | ☐ | ☐ | |

# SEPTEMBER 2023

| SUNDAY | MONDAY | TUESDAY | WEDNESDAY |
|---|---|---|---|
|  |  |  |  |
| 3 | 4 *Labor Day* | 5 | 6 |
| 10 | 11 | 12 | 13 |
| 17 | 18 | 19 | 20 |
| 24 | 25 | 26 | 27 |

### AUGUST
| S | M | T | W | T | F | S |
|---|---|---|---|---|---|---|
|  |  | 1 | 2 | 3 | 4 | 5 |
| 6 | 7 | 8 | 9 | 10 | 11 | 12 |
| 13 | 14 | 15 | 16 | 17 | 18 | 19 |
| 20 | 21 | 22 | 23 | 24 | 25 | 26 |
| 27 | 28 | 29 | 30 | 31 |  |  |

### SEPTEMBER
| S | M | T | W | T | F | S |
|---|---|---|---|---|---|---|
|  |  |  |  |  | 1 | 2 |
| 3 | 4 | 5 | 6 | 7 | 8 | 9 |
| 10 | 11 | 12 | 13 | 14 | 15 | 16 |
| 17 | 18 | 19 | 20 | 21 | 22 | 23 |
| 24 | 25 | 26 | 27 | 28 | 29 | 30 |

### OCTOBER
| S | M | T | W | T | F | S |
|---|---|---|---|---|---|---|
| 1 | 2 | 3 | 4 | 5 | 6 | 7 |
| 8 | 9 | 10 | 11 | 12 | 13 | 14 |
| 15 | 16 | 17 | 18 | 19 | 20 | 21 |
| 22 | 23 | 24 | 25 | 26 | 27 | 28 |
| 29 | 30 | 31 |  |  |  |  |

| THURSDAY | FRIDAY | SATURDAY | NOTES |
|---|---|---|---|
|  | 1 | 2 |  |
| 7 | 8 | 9 |  |
| 14 | 15 | 16 |  |
| 21 | 22 | 23 |  |
| 28 | 29 | 30 |  |
| ☐ | ☐ | ☐ |  |
| ☐ | ☐ | ☐ |  |
| ☐ | ☐ | ☐ |  |
| ☐ | ☐ | ☐ |  |
| ☐ | ☐ | ☐ |  |

# OCTOBER 2023

| SUNDAY | MONDAY | TUESDAY | WEDNESDAY |
|---|---|---|---|
| 1 | 2 | 3 | 4 |
| 8 | 9 *Columbus Day* | 10 | 11 |
| 15 | 16 | 17 | 18 |
| 22 | 23 | 24 | 25 |
| 29 | 30 | 31 | |

SEPTEMBER
S M T W T F S
                1 2
3 4 5 6 7 8 9
10 11 12 13 14 15 16
17 18 19 20 21 22 23
24 25 26 27 28 29 30

OCTOBER
S M T W T F S
1 2 3 4 5 6 7
8 9 10 11 12 13 14
15 16 17 18 19 20 21
22 23 24 25 26 27 28
29 30 31

NOVEMBER
S M T W T F S
            1 2 3 4
5 6 7 8 9 10 11
12 13 14 15 16 17 18
19 20 21 22 23 24 25
26 27 28 29 30

| THURSDAY | FRIDAY | SATURDAY | NOTES |
|---|---|---|---|
| 5 | 6 | 7 | |
| 12 | 13 | 14 | |
| 19 | 20 | 21 | |
| 26 | 27 | 28 | |
| ☐ | ☐ | ☐ | |
| ☐ | ☐ | ☐ | |
| ☐ | ☐ | ☐ | |
| ☐ | ☐ | ☐ | |
| ☐ | ☐ | ☐ | |

# NOVEMBER 2023

| SUNDAY | MONDAY | TUESDAY | WEDNESDAY |
|---|---|---|---|
|  |  |  | 1 |
| 5 | 6 | 7 | 8 |
| 12 | 13 | 14 | 15 |
| 19 | 20 | 21 | 22 |
| 26 | 27 | 28 | 29 |

OCTOBER
S  M  T  W  T  F  S
1  2  3  4  5  6  7
8  9  10 11 12 13 14
15 16 17 18 19 20 21
22 23 24 25 26 27 28
29 30 31

NOVEMBER
S  M  T  W  T  F  S
           1  2  3  4
5  6  7  8  9  10 11
12 13 14 15 16 17 18
19 20 21 22 23 24 25
26 27 28 29 30

DECEMBER
S  M  T  W  T  F  S
                1  2
3  4  5  6  7  8  9
10 11 12 13 14 15 16
17 18 19 20 21 22 23
24 25 26 27 28 29 30
31

| THURSDAY | FRIDAY | SATURDAY |
|---|---|---|
| 2 | 3 | 4 |
| 9 | 10 | 11 Veterans Day |
| 16 | 17 | 18 |
| 23 Thanksgiving Day | 24 | 25 |
| 30 | | |

# DECEMBER 2023

| SUNDAY | MONDAY | TUESDAY | WEDNESDAY |
|---|---|---|---|
|  |  |  |  |
| 3 | 4 | 5 | 6 |
| 10 | 11 | 12 | 13 |
| 17 | 18 | 19 | 20 |
| 24 | 25 *Christmas Day* | 26 | 27 |
| 31 | | | |

### NOVEMBER
| S | M | T | W | T | F | S |
|---|---|---|---|---|---|---|
|   |   |   | 1 | 2 | 3 | 4 |
| 5 | 6 | 7 | 8 | 9 | 10 | 11 |
| 12 | 13 | 14 | 15 | 16 | 17 | 18 |
| 19 | 20 | 21 | 22 | 23 | 24 | 25 |
| 26 | 27 | 28 | 29 | 30 | | |

### DECEMBER
| S | M | T | W | T | F | S |
|---|---|---|---|---|---|---|
|   |   |   |   |   | 1 | 2 |
| 3 | 4 | 5 | 6 | 7 | 8 | 9 |
| 10 | 11 | 12 | 13 | 14 | 15 | 16 |
| 17 | 18 | 19 | 20 | 21 | 22 | 23 |
| 24 | 25 | 26 | 27 | 28 | 29 | 30 |
| 31 | | | | | | |

### JANUARY 2024
| S | M | T | W | T | F | S |
|---|---|---|---|---|---|---|
|   | 1 | 2 | 3 | 4 | 5 | 6 |
| 7 | 8 | 9 | 10 | 11 | 12 | 13 |
| 14 | 15 | 16 | 17 | 18 | 19 | 20 |
| 21 | 22 | 23 | 24 | 25 | 26 | 27 |
| 28 | 29 | 30 | 31 | | | |

| THURSDAY | FRIDAY | SATURDAY | NOTES |
|---|---|---|---|
|  | 1 | 2 |  |
| 7 | 8 | 9 |  |
| 14 | 15 | 16 |  |
| 21 | 22 | 23 |  |
| 28 | 29 | 30 |  |
| ☐ | ☐ | ☐ |  |
| ☐ | ☐ | ☐ |  |
| ☐ | ☐ | ☐ |  |
| ☐ | ☐ | ☐ |  |
| ☐ | ☐ | ☐ |  |

2024

# 2024

| January | February | March | April | May | June |
|---------|----------|-------|-------|-----|------|
| 1 M | 1 T | 1 F | 1 M | 1 W | 1 S |
| 2 T | 2 F | 2 S | 2 T | 2 T | 2 S |
| 3 W | 3 S | 3 S | 3 W | 3 F | 3 M |
| 4 T | 4 S | 4 M | 4 T | 4 S | 4 T |
| 5 F | 5 M | 5 T | 5 F | 5 S | 5 W |
| 6 S | 6 T | 6 W | 6 S | 6 M | 6 T |
| 7 S | 7 W | 7 T | 7 S | 7 T | 7 F |
| 8 M | 8 T | 8 F | 8 M | 8 W | 8 S |
| 9 T | 9 F | 9 S | 9 T | 9 T | 9 S |
| 10 W | 10 S | 10 S | 10 W | 10 F | 10 M |
| 11 T | 11 S | 11 M | 11 T | 11 S | 11 T |
| 12 F | 12 M | 12 T | 12 F | 12 S | 12 W |
| 13 S | 13 T | 13 W | 13 S | 13 M | 13 T |
| 14 S | 14 W | 14 T | 14 S | 14 T | 14 F |
| 15 M | 15 T | 15 F | 15 M | 15 W | 15 S |
| 16 T | 16 F | 16 S | 16 T | 16 T | 16 S |
| 17 W | 17 S | 17 S | 17 W | 17 F | 17 M |
| 18 T | 18 S | 18 M | 18 T | 18 S | 18 T |
| 19 F | 19 M | 19 T | 19 F | 19 S | 19 W |
| 20 S | 20 T | 20 W | 20 S | 20 M | 20 T |
| 21 S | 21 W | 21 T | 21 S | 21 T | 21 F |
| 22 M | 22 T | 22 F | 22 M | 22 W | 22 S |
| 23 T | 23 F | 23 S | 23 T | 23 T | 23 S |
| 24 W | 24 S | 24 S | 24 W | 24 F | 24 M |
| 25 T | 25 S | 25 M | 25 T | 25 S | 25 T |
| 26 F | 26 M | 26 T | 26 F | 26 S | 26 W |
| 27 S | 27 T | 27 W | 27 S | 27 M | 27 T |
| 28 S | 28 W | 28 T | 28 S | 28 T | 28 F |
| 29 M | 29 T | 29 F | 29 M | 29 W | 29 S |
| 30 T | | 30 S | 30 T | 30 T | 30 S |
| 31 W | | 31 S | | 31 F | |

2024

| July | August | September | October | November | December |
|---|---|---|---|---|---|
| 1 M | 1 T | 1 S | 1 T | 1 F | 1 S |
| 2 T | 2 F | 2 M | 2 W | 2 S | 2 M |
| 3 W | 3 S | 3 T | 3 T | 3 S | 3 T |
| 4 T | 4 S | 4 W | 4 F | 4 M | 4 W |
| 5 F | 5 M | 5 T | 5 S | 5 T | 5 T |
| 6 S | 6 T | 6 F | 6 S | 6 W | 6 F |
| 7 S | 7 W | 7 S | 7 M | 7 T | 7 S |
| 8 M | 8 T | 8 S | 8 T | 8 F | 8 S |
| 9 T | 9 F | 9 M | 9 W | 9 S | 9 M |
| 10 W | 10 S | 10 T | 10 T | 10 S | 10 T |
| 11 T | 11 S | 11 W | 11 F | 11 M | 11 W |
| 12 F | 12 M | 12 T | 12 S | 12 T | 12 T |
| 13 S | 13 T | 13 F | 13 S | 13 W | 13 F |
| 14 S | 14 W | 14 S | 14 M | 14 T | 14 S |
| 15 M | 15 T | 15 S | 15 T | 15 F | 15 S |
| 16 T | 16 F | 16 M | 16 W | 16 S | 16 M |
| 17 W | 17 S | 17 T | 17 T | 17 S | 17 T |
| 18 T | 18 S | 18 W | 18 F | 18 M | 18 W |
| 19 F | 19 M | 19 T | 19 S | 19 T | 19 T |
| 20 S | 20 T | 20 F | 20 S | 20 W | 20 F |
| 21 S | 21 W | 21 S | 21 M | 21 T | 21 S |
| 22 M | 22 T | 22 S | 22 T | 22 F | 22 S |
| 23 T | 23 F | 23 M | 23 W | 23 S | 23 M |
| 24 W | 24 S | 24 T | 24 T | 24 S | 24 T |
| 25 T | 25 S | 25 W | 25 F | 25 M | 25 W |
| 26 F | 26 M | 26 T | 26 S | 26 T | 26 T |
| 27 S | 27 T | 27 F | 27 S | 27 W | 27 F |
| 28 S | 28 W | 28 S | 28 M | 28 T | 28 S |
| 29 M | 29 T | 29 S | 29 T | 29 F | 29 S |
| 30 T | 30 F | 30 M | 30 W | 30 S | 30 M |
| 31 W | 31 S | | 31 T | | 31 T |

# JANUARY 2024

| SUNDAY | MONDAY | TUESDAY | WEDNESDAY |
|---|---|---|---|
|  | 1<br><br>New Year's Day | 2 | 3 |
| 7 | 8 | 9 | 10 |
| 14 | 15<br><br>Martin Luther King Jr. Day | 16 | 17 |
| 21 | 22 | 23 | 24 |
| 28 | 29 | 30 | 31 |

**DECEMBER 2023**

| S | M | T | W | T | F | S |
|---|---|---|---|---|---|---|
|  |  |  |  |  | 1 | 2 |
| 3 | 4 | 5 | 6 | 7 | 8 | 9 |
| 10 | 11 | 12 | 13 | 14 | 15 | 16 |
| 17 | 18 | 19 | 20 | 21 | 22 | 23 |
| 24 | 25 | 26 | 27 | 28 | 29 | 30 |
| 31 |  |  |  |  |  |  |

**JANUARY**

| S | M | T | W | T | F | S |
|---|---|---|---|---|---|---|
|  | 1 | 2 | 3 | 4 | 5 | 6 |
| 7 | 8 | 9 | 10 | 11 | 12 | 13 |
| 14 | 15 | 16 | 17 | 18 | 19 | 20 |
| 21 | 22 | 23 | 24 | 25 | 26 | 27 |
| 28 | 29 | 30 | 31 |  |  |  |

**FEBRUARY**

| S | M | T | W | T | F | S |
|---|---|---|---|---|---|---|
|  |  |  |  | 1 | 2 | 3 |
| 4 | 5 | 6 | 7 | 8 | 9 | 10 |
| 11 | 12 | 13 | 14 | 15 | 16 | 17 |
| 18 | 19 | 20 | 21 | 22 | 23 | 24 |
| 25 | 26 | 27 | 28 | 29 |  |  |

| THURSDAY | FRIDAY | SATURDAY | NOTES |
|---|---|---|---|
| 4 | 5 | 6 | |
| 11 | 12 | 13 | |
| 18 | 19 | 20 | |
| 25 | 26 | 27 | |
| ☐ | ☐ | ☐ | |
| ☐ | ☐ | ☐ | |
| ☐ | ☐ | ☐ | |
| ☐ | ☐ | ☐ | |
| ☐ | ☐ | ☐ | |

# FEBRUARY 2024

| SUNDAY | MONDAY | TUESDAY | WEDNESDAY |
|---|---|---|---|
|  |  |  |  |
| 4 | 5 | 6 | 7 |
| 11 | 12 | 13 | 14 |
| 18 | 19 Presidents' Day | 20 | 21 |
| 25 | 26 | 27 | 28 |

JANUARY
| S | M | T | W | T | F | S |
|---|---|---|---|---|---|---|
|  | 1 | 2 | 3 | 4 | 5 | 6 |
| 7 | 8 | 9 | 10 | 11 | 12 | 13 |
| 14 | 15 | 16 | 17 | 18 | 19 | 20 |
| 21 | 22 | 23 | 24 | 25 | 26 | 27 |
| 28 | 29 | 30 | 31 |  |  |  |

FEBRUARY
| S | M | T | W | T | F | S |
|---|---|---|---|---|---|---|
|  |  |  |  | 1 | 2 | 3 |
| 4 | 5 | 6 | 7 | 8 | 9 | 10 |
| 11 | 12 | 13 | 14 | 15 | 16 | 17 |
| 18 | 19 | 20 | 21 | 22 | 23 | 24 |
| 25 | 26 | 27 | 28 | 29 |  |  |

MARCH
| S | M | T | W | T | F | S |
|---|---|---|---|---|---|---|
|  |  |  |  |  | 1 | 2 |
| 3 | 4 | 5 | 6 | 7 | 8 | 9 |
| 10 | 11 | 12 | 13 | 14 | 15 | 16 |
| 17 | 18 | 19 | 20 | 21 | 22 | 23 |
| 24 | 25 | 26 | 27 | 28 | 29 | 30 |
| 31 |  |  |  |  |  |  |

| THURSDAY | FRIDAY | SATURDAY | NOTES |
|---|---|---|---|
| 1 | 2 | 3 | |
| 8 | 9 | 10 | |
| 15 | 16 | 17 | |
| 22 | 23 | 24 | |
| 29 | | | |
| ☐ | ☐ | ☐ | |
| ☐ | ☐ | ☐ | |
| ☐ | ☐ | ☐ | |
| ☐ | ☐ | ☐ | |
| ☐ | ☐ | ☐ | |

# MARCH 2024

| SUNDAY | MONDAY | TUESDAY | WEDNESDAY |
|---|---|---|---|
|  |  |  |  |
| 3 | 4 | 5 | 6 |
| 10 | 11 | 12 | 13 |
| 17 | 18 | 19 | 20 |
| 24 | 25 | 26 | 27 |
| 31 | | | |

FEBRUARY
S M T W T F S
            1 2 3
4 5 6 7 8 9 10
11 12 13 14 15 16 17
18 19 20 21 22 23 24
25 26 27 28 29

MARCH
S M T W T F S
              1 2
3 4 5 6 7 8 9
10 11 12 13 14 15 16
17 18 19 20 21 22 23
24 25 26 27 28 29 30
31

APRIL
S M T W T F S
    1 2 3 4 5 6
7 8 9 10 11 12 13
14 15 16 17 18 19 20
21 22 23 24 25 26 27
28 29 30

| THURSDAY | FRIDAY | SATURDAY | NOTES |
|---|---|---|---|
|  | 1 | 2 |  |
| 7 | 8 | 9 |  |
| 14 | 15 | 16 |  |
| 21 | 22 | 23 |  |
| 28 | 29 | 30 |  |
| ☐ | ☐ | ☐ |  |
| ☐ | ☐ | ☐ |  |
| ☐ | ☐ | ☐ |  |
| ☐ | ☐ | ☐ |  |
| ☐ | ☐ | ☐ |  |
| THURSDAY | FRIDAY | SATURDAY | NOTES |

# APRIL 2024

| SUNDAY | MONDAY | TUESDAY | WEDNESDAY |
|---|---|---|---|
|  | 1 | 2 | 3 |
| 7 | 8 | 9 | 10 |
| 14 | 15 | 16 | 17 |
| 21 | 22 | 23 | 24 |
| 28 | 29 | 30 |  |

MARCH
| S | M | T | W | T | F | S |
|---|---|---|---|---|---|---|
|  |  |  |  |  | 1 | 2 |
| 3 | 4 | 5 | 6 | 7 | 8 | 9 |
| 10 | 11 | 12 | 13 | 14 | 15 | 16 |
| 17 | 18 | 19 | 20 | 21 | 22 | 23 |
| 24 | 25 | 26 | 27 | 28 | 29 | 30 |
| 31 |  |  |  |  |  |  |

APRIL
| S | M | T | W | T | F | S |
|---|---|---|---|---|---|---|
|  | 1 | 2 | 3 | 4 | 5 | 6 |
| 7 | 8 | 9 | 10 | 11 | 12 | 13 |
| 14 | 15 | 16 | 17 | 18 | 19 | 20 |
| 21 | 22 | 23 | 24 | 25 | 26 | 27 |
| 28 | 29 | 30 |  |  |  |  |

MAY
| S | M | T | W | T | F | S |
|---|---|---|---|---|---|---|
|  |  |  | 1 | 2 | 3 | 4 |
| 5 | 6 | 7 | 8 | 9 | 10 | 11 |
| 12 | 13 | 14 | 15 | 16 | 17 | 18 |
| 19 | 20 | 21 | 22 | 23 | 24 | 25 |
| 26 | 27 | 28 | 29 | 30 | 31 |  |

| THURSDAY | FRIDAY | SATURDAY | NOTES |
|---|---|---|---|
| 4 | 5 | 6 | |
| 11 | 12 | 13 | |
| 18 | 19 | 20 | |
| 25 | 26 | 27 | |
| ☐ | ☐ | ☐ | |
| ☐ | ☐ | ☐ | |
| ☐ | ☐ | ☐ | |
| ☐ | ☐ | ☐ | |
| ☐ | ☐ | ☐ | |

# MAY 2024

| SUNDAY | MONDAY | TUESDAY | WEDNESDAY |
|---|---|---|---|
|  |  |  | 1 |
| 5 | 6 | 7 | 8 |
| 12 | 13 | 14 | 15 |
| 19 | 20 | 21 | 22 |
| 26 | 27 Memorial Day | 28 | 29 |

APRIL
S M T W T F S
 1 2 3 4 5 6
7 8 9 10 11 12 13
14 15 16 17 18 19 20
21 22 23 24 25 26 27
28 29 30

MAY
S M T W T F S
    1 2 3 4
5 6 7 8 9 10 11
12 13 14 15 16 17 18
19 20 21 22 23 24 25
26 27 28 29 30 31

JUNE
S M T W T F S
          1
2 3 4 5 6 7 8
9 10 11 12 13 14 15
16 17 18 19 20 21 22
23 24 25 26 27 28 29
30

| THURSDAY | FRIDAY | SATURDAY | NOTES |
|---|---|---|---|
| 2 | 3 | 4 | |
| 9 | 10 | 11 | |
| 16 | 17 | 18 | |
| 23 | 24 | 25 | |
| 30 | 31 | | |
| ☐ | ☐ | ☐ | |
| ☐ | ☐ | ☐ | |
| ☐ | ☐ | ☐ | |
| ☐ | ☐ | ☐ | |
| ☐ | ☐ | ☐ | |

# JUNE 2024

| SUNDAY | MONDAY | TUESDAY | WEDNESDAY |
|---|---|---|---|
|  |  |  |  |
| 2 | 3 | 4 | 5 |
| 9 | 10 | 11 | 12 |
| 16 | 17 | 18 | 19 |
| 23 | 24 | 25 | 26 |
| 30 | | | |

MAY
| S | M | T | W | T | F | S |
|---|---|---|---|---|---|---|
|  |  |  | 1 | 2 | 3 | 4 |
| 5 | 6 | 7 | 8 | 9 | 10 | 11 |
| 12 | 13 | 14 | 15 | 16 | 17 | 18 |
| 19 | 20 | 21 | 22 | 23 | 24 | 25 |
| 26 | 27 | 28 | 29 | 30 | 31 |  |

JUNE
| S | M | T | W | T | F | S |
|---|---|---|---|---|---|---|
|  |  |  |  |  |  | 1 |
| 2 | 3 | 4 | 5 | 6 | 7 | 8 |
| 9 | 10 | 11 | 12 | 13 | 14 | 15 |
| 16 | 17 | 18 | 19 | 20 | 21 | 22 |
| 23 | 24 | 25 | 26 | 27 | 28 | 29 |
| 30 |  |  |  |  |  |  |

JULY
| S | M | T | W | T | F | S |
|---|---|---|---|---|---|---|
|  | 1 | 2 | 3 | 4 | 5 | 6 |
| 7 | 8 | 9 | 10 | 11 | 12 | 13 |
| 14 | 15 | 16 | 17 | 18 | 19 | 20 |
| 21 | 22 | 23 | 24 | 25 | 26 | 27 |
| 28 | 29 | 30 | 31 |  |  |  |

| THURSDAY | FRIDAY | SATURDAY | NOTES |
|---|---|---|---|
| | | 1 | |
| 6 | 7 | 8 | |
| 13 | 14 | 15 | |
| 20 | 21 | 22 | |
| 27 | 28 | 29 | |
| ☐ | ☐ | ☐ | |
| ☐ | ☐ | ☐ | |
| ☐ | ☐ | ☐ | |
| ☐ | ☐ | ☐ | |
| ☐ | ☐ | ☐ | |

# JULY 2024

| SUNDAY | MONDAY | TUESDAY | WEDNESDAY |
|---|---|---|---|
|  | 1 | 2 | 3 |
| 7 | 8 | 9 | 10 |
| 14 | 15 | 16 | 17 |
| 21 | 22 | 23 | 24 |
| 28 | 29 | 30 | 31 |

JUNE
S M T W T F S
                1
2 3 4 5 6 7 8
9 10 11 12 13 14 15
16 17 18 19 20 21 22
23 24 25 26 27 28 29
30

JULY
S M T W T F S
    1 2 3 4 5 6
7 8 9 10 11 12 13
14 15 16 17 18 19 20
21 22 23 24 25 26 27
28 29 30 31

AUGUST
S M T W T F S
            1 2 3
4 5 6 7 8 9 10
11 12 13 14 15 16 17
18 19 20 21 22 23 24
25 26 27 28 29 30 31

| THURSDAY | FRIDAY | SATURDAY | NOTES |
|---|---|---|---|
| 4 *Independence Day* | 5 | 6 | |
| 11 | 12 | 13 | |
| 18 | 19 | 20 | |
| 25 | 26 | 27 | |
| ☐ | ☐ | ☐ | |
| ☐ | ☐ | ☐ | |
| ☐ | ☐ | ☐ | |
| ☐ | ☐ | ☐ | |
| ☐ | ☐ | ☐ | |

# AUGUST 2024

| SUNDAY | MONDAY | TUESDAY | WEDNESDAY |
|---|---|---|---|
|  |  |  |  |
| 4 | 5 | 6 | 7 |
| 11 | 12 | 13 | 14 |
| 18 | 19 | 20 | 21 |
| 25 | 26 | 27 | 28 |

JULY
| S | M | T | W | T | F | S |
|---|---|---|---|---|---|---|
|  | 1 | 2 | 3 | 4 | 5 | 6 |
| 7 | 8 | 9 | 10 | 11 | 12 | 13 |
| 14 | 15 | 16 | 17 | 18 | 19 | 20 |
| 21 | 22 | 23 | 24 | 25 | 26 | 27 |
| 28 | 29 | 30 | 31 |  |  |  |

AUGUST
| S | M | T | W | T | F | S |
|---|---|---|---|---|---|---|
|  |  |  |  | 1 | 2 | 3 |
| 4 | 5 | 6 | 7 | 8 | 9 | 10 |
| 11 | 12 | 13 | 14 | 15 | 16 | 17 |
| 18 | 19 | 20 | 21 | 22 | 23 | 24 |
| 25 | 26 | 27 | 28 | 29 | 30 | 31 |

SEPTEMBER
| S | M | T | W | T | F | S |
|---|---|---|---|---|---|---|
| 1 | 2 | 3 | 4 | 5 | 6 | 7 |
| 8 | 9 | 10 | 11 | 12 | 13 | 14 |
| 15 | 16 | 17 | 18 | 19 | 20 | 21 |
| 22 | 23 | 24 | 25 | 26 | 27 | 28 |
| 29 | 30 |  |  |  |  |  |

| THURSDAY | FRIDAY | SATURDAY | NOTES |
|---|---|---|---|
| 1 | 2 | 3 | |
| 8 | 9 | 10 | |
| 15 | 16 | 17 | |
| 22 | 23 | 24 | |
| 29 | 30 | 31 | |
| ☐ | ☐ | ☐ | |
| ☐ | ☐ | ☐ | |
| ☐ | ☐ | ☐ | |
| ☐ | ☐ | ☐ | |
| ☐ | ☐ | ☐ | |

# SEPTEMBER 2024

| SUNDAY | MONDAY | TUESDAY | WEDNESDAY |
|---|---|---|---|
| 1 | 2 <br><br> Labor Day | 3 | 4 |
| 8 | 9 | 10 | 11 |
| 15 | 16 | 17 | 18 |
| 22 | 23 | 24 | 25 |
| 29 | 30 | | |

AUGUST
S M T W T F S
              1  2  3
4  5  6  7  8  9  10
11 12 13 14 15 16 17
18 19 20 21 22 23 24
25 26 27 28 29 30 31

SEPTEMBER
S M T W T F S
1  2  3  4  5  6  7
8  9  10 11 12 13 14
15 16 17 18 19 20 21
22 23 24 25 26 27 28

OCTOBER
S M T W T F S
          1  2  3  4  5
6  7  8  9  10 11 12
13 14 15 16 17 18 19
20 21 22 23 24 25 26
27 28 29 30 31

| THURSDAY | FRIDAY | SATURDAY | NOTES |
|---|---|---|---|
| 5 | 6 | 7 | |
| 12 | 13 | 14 | |
| 19 | 20 | 21 | |
| 26 | 27 | 28 | |
| ☐ | ☐ | ☐ | |
| ☐ | ☐ | ☐ | |
| ☐ | ☐ | ☐ | |
| ☐ | ☐ | ☐ | |
| ☐ | ☐ | ☐ | |

# OCTOBER 2024

| SUNDAY | MONDAY | TUESDAY | WEDNESDAY |
|---|---|---|---|
|  |  | 1 | 2 |
| 6 | 7 | 8 | 9 |
| 13 | 14 *Columbus Day* | 15 | 16 |
| 20 | 21 | 22 | 23 |
| 27 | 28 | 29 | 30 |

SEPTEMBER
| S | M | T | W | T | F | S |
|---|---|---|---|---|---|---|
| 1 | 2 | 3 | 4 | 5 | 6 | 7 |
| 8 | 9 | 10 | 11 | 12 | 13 | 14 |
| 15 | 16 | 17 | 18 | 19 | 20 | 21 |
| 22 | 23 | 24 | 25 | 26 | 27 | 28 |
| 29 | 30 |  |  |  |  |  |

OCTOBER
| S | M | T | W | T | F | S |
|---|---|---|---|---|---|---|
|  |  | 1 | 2 | 3 | 4 | 5 |
| 6 | 7 | 8 | 9 | 10 | 11 | 12 |
| 13 | 14 | 15 | 16 | 17 | 18 | 19 |
| 20 | 21 | 22 | 23 | 24 | 25 | 26 |

NOVEMBER
| S | M | T | W | T | F | S |
|---|---|---|---|---|---|---|
|  |  |  |  |  | 1 | 2 |
| 3 | 4 | 5 | 6 | 7 | 8 | 9 |
| 10 | 11 | 12 | 13 | 14 | 15 | 16 |
| 17 | 18 | 19 | 20 | 21 | 22 | 23 |
| 24 | 25 | 26 | 27 | 28 | 29 | 30 |

| THURSDAY | FRIDAY | SATURDAY | NOTES |
|---|---|---|---|
| 3 | 4 | 5 | |
| 10 | 11 | 12 | |
| 17 | 18 | 19 | |
| 24 | 25 | 26 | |
| 31 | | | |
| ☐ | ☐ | ☐ | |
| ☐ | ☐ | ☐ | |
| ☐ | ☐ | ☐ | |
| ☐ | ☐ | ☐ | |
| ☐ | ☐ | ☐ | |

# NOVEMBER 2024

| SUNDAY | MONDAY | TUESDAY | WEDNESDAY |
|---|---|---|---|
|  |  |  |  |
| 3 | 4 | 5 | 6 |
| 10 | 11 *Veterans Day* | 12 | 13 |
| 17 | 18 | 19 | 20 |
| 24 | 25 | 26 | 27 |

### OCTOBER
| S | M | T | W | T | F | S |
|---|---|---|---|---|---|---|
|  |  | 1 | 2 | 3 | 4 | 5 |
| 6 | 7 | 8 | 9 | 10 | 11 | 12 |
| 13 | 14 | 15 | 16 | 17 | 18 | 19 |
| 20 | 21 | 22 | 23 | 24 | 25 | 26 |
| 27 | 28 | 29 | 30 | 31 |  |  |

### NOVEMBER
| S | M | T | W | T | F | S |
|---|---|---|---|---|---|---|
|  |  |  |  |  | 1 | 2 |
| 3 | 4 | 5 | 6 | 7 | 8 | 9 |
| 10 | 11 | 12 | 13 | 14 | 15 | 16 |
| 17 | 18 | 19 | 20 | 21 | 22 | 23 |
| 24 | 25 | 26 | 27 | 28 | 29 | 30 |

### DECEMBER
| S | M | T | W | T | F | S |
|---|---|---|---|---|---|---|
| 1 | 2 | 3 | 4 | 5 | 6 | 7 |
| 8 | 9 | 10 | 11 | 12 | 13 | 14 |
| 15 | 16 | 17 | 18 | 19 | 20 | 21 |
| 22 | 23 | 24 | 25 | 26 | 27 | 28 |
| 29 | 30 | 31 |  |  |  |  |

| THURSDAY | FRIDAY | SATURDAY | NOTES |
|---|---|---|---|
|  | 1 | 2 |  |
| 7 | 8 | 9 |  |
| 14 | 15 | 16 |  |
| 21 | 22 | 23 |  |
| 28 Thanksgiving Day | 29 | 30 |  |
| ☐ | ☐ | ☐ |  |
| ☐ | ☐ | ☐ |  |
| ☐ | ☐ | ☐ |  |
| ☐ | ☐ | ☐ |  |
| ☐ | ☐ | ☐ |  |

# DECEMBER 2024

| SUNDAY | MONDAY | TUESDAY | WEDNESDAY |
|---|---|---|---|
| 1 | 2 | 3 | 4 |
| 8 | 9 | 10 | 11 |
| 15 | 16 | 17 | 18 |
| 22 | 23 | 24 | 25 Christmas Day |
| 29 | 30 | 31 | |

| NOVEMBER | | | | | | | DECEMBER | | | | | | | JANUARY | | | | | 2025 | |
|---|---|---|---|---|---|---|---|---|---|---|---|---|---|---|---|---|---|---|---|---|
| S | M | T | W | T | F | S | S | M | T | W | T | F | S | S | M | T | W | T | F | S |
|  |  |  |  |  | 1 | 2 | 1 | 2 | 3 | 4 | 5 | 6 | 7 |  |  |  | 1 | 2 | 3 | 4 |
| 3 | 4 | 5 | 6 | 7 | 8 | 9 | 8 | 9 | 10 | 11 | 12 | 13 | 14 | 5 | 6 | 7 | 8 | 9 | 10 | 11 |
| 10 | 11 | 12 | 13 | 14 | 15 | 16 | 15 | 16 | 17 | 18 | 19 | 20 | 21 | 12 | 13 | 14 | 15 | 16 | 17 | 18 |
| 17 | 18 | 19 | 20 | 21 | 22 | 23 | 22 | 23 | 24 | 25 | 26 | 27 | 28 | 19 | 20 | 21 | 22 | 23 | 24 | 25 |
| 24 | 25 | 26 | 27 | 28 | 29 | 30 | 29 | 30 | 31 |  |  |  |  | 26 | 27 | 28 | 29 | 30 | 31 |  |

| THURSDAY | FRIDAY | SATURDAY | NOTES |
|---|---|---|---|
| 5 | 6 | 7 | |
| 12 | 13 | 14 | |
| 19 | 20 | 21 | |
| 26 | 27 | 28 | |
| ☐ | ☐ | ☐ | |
| ☐ | ☐ | ☐ | |
| ☐ | ☐ | ☐ | |
| ☐ | ☐ | ☐ | |
| ☐ | ☐ | ☐ | |

2025

# 2025

| January | February | March | April | May | June |
|---------|----------|-------|-------|-----|------|
| 1 W | 1 S | 1 S | 1 T | 1 T | 1 S |
| 2 T | 2 S | 2 S | 2 W | 2 F | 2 M |
| 3 F | 3 M | 3 M | 3 T | 3 S | 3 T |
| 4 S | 4 T | 4 T | 4 F | 4 S | 4 W |
| 5 S | 5 W | 5 W | 5 S | 5 M | 5 T |
| 6 M | 6 T | 6 T | 6 S | 6 T | 6 F |
| 7 T | 7 F | 7 F | 7 M | 7 W | 7 S |
| 8 W | 8 S | 8 S | 8 T | 8 T | 8 S |
| 9 T | 9 S | 9 S | 9 W | 9 F | 9 M |
| 10 F | 10 M | 10 M | 10 T | 10 S | 10 T |
| 11 S | 11 T | 11 T | 11 F | 11 S | 11 W |
| 12 S | 12 W | 12 W | 12 S | 12 M | 12 T |
| 13 M | 13 T | 13 T | 13 S | 13 T | 13 F |
| 14 T | 14 F | 14 F | 14 M | 14 W | 14 S |
| 15 W | 15 S | 15 S | 15 T | 15 T | 15 S |
| 16 T | 16 S | 16 S | 16 W | 16 F | 16 M |
| 17 F | 17 M | 17 M | 17 T | 17 S | 17 T |
| 18 S | 18 T | 18 T | 18 F | 18 S | 18 W |
| 19 S | 19 W | 19 W | 19 S | 19 M | 19 T |
| 20 M | 20 T | 20 T | 20 S | 20 T | 20 F |
| 21 T | 21 F | 21 F | 21 M | 21 W | 21 S |
| 22 W | 22 S | 22 S | 22 T | 22 T | 22 S |
| 23 T | 23 S | 23 S | 23 W | 23 F | 23 M |
| 24 F | 24 M | 24 M | 24 T | 24 S | 24 T |
| 25 S | 25 T | 25 T | 25 F | 25 S | 25 W |
| 26 S | 26 W | 26 W | 26 S | 26 M | 26 T |
| 27 M | 27 T | 27 T | 27 S | 27 T | 27 F |
| 28 T | 28 F | 28 F | 28 M | 28 W | 28 S |
| 29 W | | 29 S | 29 T | 29 T | 29 S |
| 30 T | | 30 S | 30 W | 30 F | 30 M |
| 31 F | | 31 M | | 31 S | |

# 2025

| July | August | September | October | November | December |
|---|---|---|---|---|---|
| 1 T | 1 F | 1 M | 1 W | 1 S | 1 M |
| 2 W | 2 S | 2 T | 2 T | 2 S | 2 T |
| 3 T | 3 S | 3 W | 3 F | 3 M | 3 W |
| 4 F | 4 M | 4 T | 4 S | 4 T | 4 T |
| 5 S | 5 T | 5 F | 5 S | 5 W | 5 F |
| 6 S | 6 W | 6 S | 6 M | 6 T | 6 S |
| 7 M | 7 T | 7 S | 7 T | 7 F | 7 S |
| 8 T | 8 F | 8 M | 8 W | 8 S | 8 M |
| 9 W | 9 S | 9 T | 9 T | 9 S | 9 T |
| 10 T | 10 S | 10 W | 10 F | 10 M | 10 W |
| 11 F | 11 M | 11 T | 11 S | 11 T | 11 T |
| 12 S | 12 T | 12 F | 12 S | 12 W | 12 F |
| 13 S | 13 W | 13 S | 13 M | 13 T | 13 S |
| 14 M | 14 T | 14 S | 14 T | 14 F | 14 S |
| 15 T | 15 F | 15 M | 15 W | 15 S | 15 M |
| 16 W | 16 S | 16 T | 16 T | 16 S | 16 T |
| 17 T | 17 S | 17 W | 17 F | 17 M | 17 W |
| 18 F | 18 M | 18 T | 18 S | 18 T | 18 T |
| 19 S | 19 T | 19 F | 19 S | 19 W | 19 F |
| 20 S | 20 W | 20 S | 20 M | 20 T | 20 S |
| 21 M | 21 T | 21 S | 21 T | 21 F | 21 S |
| 22 T | 22 F | 22 M | 22 W | 22 S | 22 M |
| 23 W | 23 S | 23 T | 23 T | 23 S | 23 T |
| 24 T | 24 S | 24 W | 24 F | 24 M | 24 W |
| 25 F | 25 M | 25 T | 25 S | 25 T | 25 T |
| 26 S | 26 T | 26 F | 26 S | 26 W | 26 F |
| 27 S | 27 W | 27 S | 27 M | 27 T | 27 S |
| 28 M | 28 T | 28 S | 28 T | 28 F | 28 S |
| 29 T | 29 F | 29 M | 29 W | 29 S | 29 M |
| 30 W | 30 S | 30 T | 30 T | 30 S | 30 T |
| 31 T | 31 S | | 31 F | | 31 W |

# JANUARY 2025

| SUNDAY | MONDAY | TUESDAY | WEDNESDAY |
|---|---|---|---|
|  |  |  | 1<br><br>*New Year's Day* |
| 5 | 6 | 7 | 8 |
| 12 | 13 | 14 | 15 |
| 19 | 20<br><br>*Martin Luther King Day* | 21 | 22 |
| 26 | 27 | 28 | 29 |

DECEMBER 2024
| S | M | T | W | T | F | S |
|---|---|---|---|---|---|---|
| 1 | 2 | 3 | 4 | 5 | 6 | 7 |
| 8 | 9 | 10 | 11 | 12 | 13 | 14 |
| 15 | 16 | 17 | 18 | 19 | 20 | 21 |
| 22 | 23 | 24 | 25 | 26 | 27 | 28 |
| 29 | 30 | 31 |  |  |  |  |

JANUARY
| S | M | T | W | T | F | S |
|---|---|---|---|---|---|---|
|  |  |  | 1 | 2 | 3 | 4 |
| 5 | 6 | 7 | 8 | 9 | 10 | 11 |
| 12 | 13 | 14 | 15 | 16 | 17 | 18 |
| 19 | 20 | 21 | 22 | 23 | 24 | 25 |
| 26 | 27 | 28 | 29 | 30 | 31 |  |

FEBRUARY
| S | M | T | W | T | F | S |
|---|---|---|---|---|---|---|
|  |  |  |  |  |  | 1 |
| 2 | 3 | 4 | 5 | 6 | 7 | 8 |
| 9 | 10 | 11 | 12 | 13 | 14 | 15 |
| 16 | 17 | 18 | 19 | 20 | 21 | 22 |
| 23 | 24 | 25 | 26 | 27 | 28 |  |

| THURSDAY | FRIDAY | SATURDAY | NOTES |
|---|---|---|---|
| 2 | 3 | 4 | |
| 9 | 10 | 11 | |
| 16 | 17 | 18 | |
| 23 | 24 | 25 | |
| 30 | 31 | | |
| ☐ | ☐ | ☐ | |
| ☐ | ☐ | ☐ | |
| ☐ | ☐ | ☐ | |
| ☐ | ☐ | ☐ | |
| ☐ | ☐ | ☐ | |

# FEBRUARY 2025

| SUNDAY | MONDAY | TUESDAY | WEDNESDAY |
|---|---|---|---|
| | | | |
| 2 | 3 | 4 | 5 |
| 9 | 10 | 11 | 12 |
| 16 | 17 *Presidents' Day* | 18 | 19 |
| 23 | 24 | 25 | 26 |

JANUARY
| S | M | T | W | T | F | S |
|---|---|---|---|---|---|---|
| | | | 1 | 2 | 3 | 4 |
| 5 | 6 | 7 | 8 | 9 | 10 | 11 |
| 12 | 13 | 14 | 15 | 16 | 17 | 18 |
| 19 | 20 | 21 | 22 | 23 | 24 | 25 |
| 26 | 27 | 28 | 29 | 30 | 31 | |

FEBRUARY
| S | M | T | W | T | F | S |
|---|---|---|---|---|---|---|
| | | | | | | 1 |
| 2 | 3 | 4 | 5 | 6 | 7 | 8 |
| 9 | 10 | 11 | 12 | 13 | 14 | 15 |
| 16 | 17 | 18 | 19 | 20 | 21 | 22 |
| 23 | 24 | 25 | 26 | 27 | 28 | |

MARCH
| S | M | T | W | T | F | S |
|---|---|---|---|---|---|---|
| | | | | | | 1 |
| 2 | 3 | 4 | 5 | 6 | 7 | 8 |
| 9 | 10 | 11 | 12 | 13 | 14 | 15 |
| 16 | 17 | 18 | 19 | 20 | 21 | 22 |
| 23 | 24 | 25 | 26 | 27 | 28 | 29 |
| 30 | 31 | | | | | |

| THURSDAY | FRIDAY | SATURDAY | NOTES |
|---|---|---|---|
|  |  | 1 |  |
| 6 | 7 | 8 |  |
| 13 | 14 | 15 |  |
| 20 | 21 | 22 |  |
| 27 | 28 |  |  |
| ☐ | ☐ | ☐ |  |
| ☐ | ☐ | ☐ |  |
| ☐ | ☐ | ☐ |  |
| ☐ | ☐ | ☐ |  |
| ☐ | ☐ | ☐ |  |

# MARCH 2025

| SUNDAY | MONDAY | TUESDAY | WEDNESDAY |
|---|---|---|---|
|  |  |  |  |
| 2 | 3 | 4 | 5 |
| 9 | 10 | 11 | 12 |
| 16 | 17 | 18 | 19 |
| 23 | 24 | 25 | 26 |
| 30 | 31 | | |

FEBRUARY
| S | M | T | W | T | F | S |
|---|---|---|---|---|---|---|
|  |  |  |  |  |  | 1 |
| 2 | 3 | 4 | 5 | 6 | 7 | 8 |
| 9 | 10 | 11 | 12 | 13 | 14 | 15 |
| 16 | 17 | 18 | 19 | 20 | 21 | 22 |
| 23 | 24 | 25 | 26 | 27 | 28 |  |

MARCH
| S | M | T | W | T | F | S |
|---|---|---|---|---|---|---|
|  |  |  |  |  |  | 1 |
| 2 | 3 | 4 | 5 | 6 | 7 | 8 |
| 9 | 10 | 11 | 12 | 13 | 14 | 15 |
| 16 | 17 | 18 | 19 | 20 | 21 | 22 |
| 23 | 24 | 25 | 26 | 27 | 28 | 29 |
| 30 | 31 |  |  |  |  |  |

| THURSDAY | FRIDAY | SATURDAY | NOTES |
|---|---|---|---|
| | | 1 | |
| 6 | 7 | 8 | |
| 13 | 14 | 15 | |
| 20 | 21 | 22 | |
| 27 | 28 | 29 | |
| ☐ | ☐ | ☐ | |
| ☐ | ☐ | ☐ | |
| ☐ | ☐ | ☐ | |
| ☐ | ☐ | ☐ | |
| ☐ | ☐ | ☐ | |

| THURSDAY | FRIDAY | SATURDAY | |

# APRIL 2025

| SUNDAY | MONDAY | TUESDAY | WEDNESDAY |
|---|---|---|---|
|  |  | 1 | 2 |
| 6 | 7 | 8 | 9 |
| 13 | 14 | 15 | 16 |
| 20 | 21 | 22 | 23 |
| 27 | 28 | 29 | 30 |

MARCH
S M T W T F S
                  1
2 3 4 5 6 7 8
9 10 11 12 13 14 15
16 17 18 19 20 21 22
23 24 25 26 27 28 29
30 31

APRIL
S M T W T F S
      1 2 3 4 5
6 7 8 9 10 11 12
13 14 15 16 17 18 19
20 21 22 23 24 25 26
27 28 29 30

MAY
S M T W T F S
            1 2 3
4 5 6 7 8 9 10
11 12 13 14 15 16 17
18 19 20 21 22 23 24
25 26 27 28 29 30 31

| THURSDAY | FRIDAY | SATURDAY | NOTES |
|---|---|---|---|
| 3 | 4 | 5 | |
| 10 | 11 | 12 | |
| 17 | 18 | 19 | |
| 24 | 25 | 26 | |
| ☐ | ☐ | ☐ | |
| ☐ | ☐ | ☐ | |
| ☐ | ☐ | ☐ | |
| ☐ | ☐ | ☐ | |
| ☐ | ☐ | ☐ | |

# MAY 2025

| SUNDAY | MONDAY | TUESDAY | WEDNESDAY |
|---|---|---|---|
|  |  |  |  |
| 4 | 5 | 6 | 7 |
| 11 | 12 | 13 | 14 |
| 18 | 19 | 20 | 21 |
| 25 | 26 Memorial Day | 27 | 28 |

#### APRIL
| S | M | T | W | T | F | S |
|---|---|---|---|---|---|---|
|   |   | 1 | 2 | 3 | 4 | 5 |
| 6 | 7 | 8 | 9 | 10 | 11 | 12 |
| 13 | 14 | 15 | 16 | 17 | 18 | 19 |
| 20 | 21 | 22 | 23 | 24 | 25 | 26 |
| 27 | 28 | 29 | 30 |   |   |   |

#### MAY
| S | M | T | W | T | F | S |
|---|---|---|---|---|---|---|
|   |   |   |   | 1 | 2 | 3 |
| 4 | 5 | 6 | 7 | 8 | 9 | 10 |
| 11 | 12 | 13 | 14 | 15 | 16 | 17 |
| 18 | 19 | 20 | 21 | 22 | 23 | 24 |
| 25 | 26 | 27 | 28 | 29 | 30 | 31 |

#### JUNE
| S | M | T | W | T | F | S |
|---|---|---|---|---|---|---|
| 1 | 2 | 3 | 4 | 5 | 6 | 7 |
| 8 | 9 | 10 | 11 | 12 | 13 | 14 |
| 15 | 16 | 17 | 18 | 19 | 20 | 21 |
| 22 | 23 | 24 | 25 | 26 | 27 | 28 |
| 29 | 30 |   |   |   |   |   |

| THURSDAY | FRIDAY | SATURDAY | NOTES |
|---|---|---|---|
| 1 | 2 | 3 | |
| 8 | 9 | 10 | |
| 15 | 16 | 17 | |
| 22 | 23 | 24 | |
| 29 | 30 | 31 | |
| ☐ | ☐ | ☐ | |
| ☐ | ☐ | ☐ | |
| ☐ | ☐ | ☐ | |
| ☐ | ☐ | ☐ | |
| ☐ | ☐ | ☐ | |

# JUNE 2025

| SUNDAY | MONDAY | TUESDAY | WEDNESDAY |
|---|---|---|---|
| 1 | 2 | 3 | 4 |
| 8 | 9 | 10 | 11 |
| 15 | 16 | 17 | 18 |
| 22 | 23 | 24 | 25 |
| 28 | 30 | | |

MAY
| S | M | T | W | T | F | S |
|---|---|---|---|---|---|---|
|   |   |   |   | 1 | 2 | 3 |
| 4 | 5 | 6 | 7 | 8 | 9 | 10 |
| 11 | 12 | 13 | 14 | 15 | 16 | 17 |
| 18 | 19 | 20 | 21 | 22 | 23 | 24 |
| 25 | 26 | 27 | 28 | 29 | 30 | 31 |

JUNE
| S | M | T | W | T | F | S |
|---|---|---|---|---|---|---|
| 1 | 2 | 3 | 4 | 5 | 6 | 7 |
| 8 | 9 | 10 | 11 | 12 | 13 | 14 |
| 15 | 16 | 17 | 18 | 19 | 20 | 21 |
| 22 | 23 | 24 | 25 | 26 | 27 | 28 |
| 29 | 30 |   |   |   |   |   |

JULY
| S | M | T | W | T | F | S |
|---|---|---|---|---|---|---|
|   |   | 1 | 2 | 3 | 4 | 5 |
| 6 | 7 | 8 | 9 | 10 | 11 | 12 |
| 13 | 14 | 15 | 16 | 17 | 18 | 19 |
| 20 | 21 | 22 | 23 | 24 | 25 | 26 |
| 27 | 28 | 29 | 30 | 31 |   |   |

| THURSDAY | FRIDAY | SATURDAY | NOTES |
|---|---|---|---|
| 5 | 6 | 7 | |
| 12 | 13 | 14 | |
| 19 | 20 | 21 | |
| 26 | 27 | 28 | |
| ☐ | ☐ | ☐ | |
| ☐ | ☐ | ☐ | |
| ☐ | ☐ | ☐ | |
| ☐ | ☐ | ☐ | |
| ☐ | ☐ | ☐ | |

# JULY 2025

| SUNDAY | MONDAY | TUESDAY | WEDNESDAY |
|---|---|---|---|
|  |  | 1 | 2 |
| 6 | 7 | 8 | 9 |
| 13 | 14 | 15 | 16 |
| 20 | 21 | 22 | 23 |
| 27 | 28 | 29 | 30 |

JUNE
| S | M | T | W | T | F | S |
|---|---|---|---|---|---|---|
| 1 | 2 | 3 | 4 | 5 | 6 | 7 |
| 8 | 9 | 10 | 11 | 12 | 13 | 14 |
| 15 | 16 | 17 | 18 | 19 | 20 | 21 |
| 22 | 23 | 24 | 25 | 26 | 27 | 28 |
| 29 | 30 |  |  |  |  |  |

JULY
| S | M | T | W | T | F | S |
|---|---|---|---|---|---|---|
|  |  | 1 | 2 | 3 | 4 | 5 |
| 6 | 7 | 8 | 9 | 10 | 11 | 12 |
| 13 | 14 | 15 | 16 | 17 | 18 | 19 |
| 20 | 21 | 22 | 23 | 24 | 25 | 26 |
| 27 | 28 | 29 | 30 | 31 |  |  |

AUGUST
| S | M | T | W | T | F | S |
|---|---|---|---|---|---|---|
|  |  |  |  |  | 1 | 2 |
| 3 | 4 | 5 | 6 | 7 | 8 | 9 |
| 10 | 11 | 12 | 13 | 14 | 15 | 16 |
| 17 | 18 | 19 | 20 | 21 | 22 | 23 |
| 24 | 25 | 26 | 27 | 28 | 29 | 30 |
| 31 |  |  |  |  |  |  |

| THURSDAY | FRIDAY | SATURDAY | NOTES |
|---|---|---|---|
| 3 | 4 Independence Day | 5 | |
| 10 | 11 | 12 | |
| 17 | 18 | 19 | |
| 24 | 25 | 26 | |
| 31 | | | |
| ☐ | ☐ | ☐ | |
| ☐ | ☐ | ☐ | |
| ☐ | ☐ | ☐ | |
| ☐ | ☐ | ☐ | |
| ☐ | ☐ | ☐ | |

# AUGUST 2025

| SUNDAY | MONDAY | TUESDAY | WEDNESDAY |
|---|---|---|---|
|  |  |  |  |
| 3 | 4 | 5 | 6 |
| 10 | 11 | 12 | 13 |
| 17 | 18 | 19 | 20 |
| 24 | 25 | 26 | 27 |
| 31 | | | |

**JULY**
| S | M | T | W | T | F | S |
|---|---|---|---|---|---|---|
|  |  | 1 | 2 | 3 | 4 | 5 |
| 6 | 7 | 8 | 9 | 10 | 11 | 12 |
| 13 | 14 | 15 | 16 | 17 | 18 | 19 |
| 20 | 21 | 22 | 23 | 24 | 25 | 26 |
| 27 | 28 | 29 | 30 | 31 |  |  |

**AUGUST**
| S | M | T | W | T | F | S |
|---|---|---|---|---|---|---|
|  |  |  |  |  | 1 | 2 |
| 3 | 4 | 5 | 6 | 7 | 8 | 9 |
| 10 | 11 | 12 | 13 | 14 | 15 | 16 |
| 17 | 18 | 19 | 20 | 21 | 22 | 23 |
| 24 | 25 | 26 | 27 | 28 | 29 | 30 |
| 31 |  |  |  |  |  |  |

**SEPTEMBER**
| S | M | T | W | T | F | S |
|---|---|---|---|---|---|---|
|  | 1 | 2 | 3 | 4 | 5 | 6 |
| 7 | 8 | 9 | 10 | 11 | 12 | 13 |
| 14 | 15 | 16 | 17 | 18 | 19 | 20 |
| 21 | 22 | 23 | 24 | 25 | 26 | 27 |
| 28 | 29 | 30 |  |  |  |  |

| THURSDAY | FRIDAY | SATURDAY | NOTES |
|---|---|---|---|
|  | 1 | 2 |  |
| 7 | 8 | 9 |  |
| 14 | 15 | 16 |  |
| 21 | 22 | 23 |  |
| 28 | 29 | 30 |  |
| ☐ | ☐ | ☐ |  |
| ☐ | ☐ | ☐ |  |
| ☐ | ☐ | ☐ |  |
| ☐ | ☐ | ☐ |  |
| ☐ | ☐ | ☐ |  |

# SEPTEMBER 2025

| SUNDAY | MONDAY | TUESDAY | WEDNESDAY |
|---|---|---|---|
|  | 1 *Labor Day* | 2 | 3 |
| 7 | 8 | 9 | 10 |
| 14 | 15 | 16 | 17 |
| 21 | 22 | 23 | 24 |
| 28 | 29 | 30 |  |

### AUGUST

| S | M | T | W | T | F | S |
|---|---|---|---|---|---|---|
|  |  |  |  |  | 1 | 2 |
| 3 | 4 | 5 | 6 | 7 | 8 | 9 |
| 10 | 11 | 12 | 13 | 14 | 15 | 16 |
| 17 | 18 | 19 | 20 | 21 | 22 | 23 |
| 24 | 25 | 26 | 27 | 28 | 29 | 30 |
| 31 |  |  |  |  |  |  |

### SEPTEMBER

| S | M | T | W | T | F | S |
|---|---|---|---|---|---|---|
|  | 1 | 2 | 3 | 4 | 5 | 6 |
| 7 | 8 | 9 | 10 | 11 | 12 | 13 |
| 14 | 15 | 16 | 17 | 18 | 19 | 20 |
| 21 | 22 | 23 | 24 | 25 | 26 | 27 |
| 28 | 29 | 30 |  |  |  |  |

### OCTOBER

| S | M | T | W | T | F | S |
|---|---|---|---|---|---|---|
|  |  |  | 1 | 2 | 3 | 4 |
| 5 | 6 | 7 | 8 | 9 | 10 | 11 |
| 12 | 13 | 14 | 15 | 16 | 17 | 18 |
| 19 | 20 | 21 | 22 | 23 | 24 | 25 |
| 26 | 27 | 28 | 29 | 30 | 31 |  |

| THURSDAY | FRIDAY | SATURDAY | NOTES |
|---|---|---|---|
| 4 | 5 | 6 | |
| 11 | 12 | 13 | |
| 18 | 19 | 20 | |
| 25 | 26 | 27 | |
| ☐ | ☐ | ☐ | |
| ☐ | ☐ | ☐ | |
| ☐ | ☐ | ☐ | |
| ☐ | ☐ | ☐ | |
| ☐ | ☐ | ☐ | |

# OCTOBER 2025

| SUNDAY | MONDAY | TUESDAY | WEDNESDAY |
|---|---|---|---|
|  |  |  | 1 |
| 5 | 6 | 7 | 8 |
| 12 | 13 | 14 Columbus Day | 15 |
| 19 | 20 | 21 | 22 |
| 26 | 27 | 28 | 29 |

| SEPTEMBER | OCTOBER | NOVEMBER |
|---|---|---|
| S M T W T F S | S M T W T F S | S M T W T F S |
|    1  2  3  4  5  6 |           1  2  3  4 |                      1 |
| 7  8  9 10 11 12 13 | 5  6  7  8  9 10 11 | 2  3  4  5  6  7  8 |
| 14 15 16 17 18 19 20 | 12 13 14 15 16 17 18 | 9 10 11 12 13 14 15 |
| 21 22 23 24 25 26 27 | 19 20 21 22 23 24 25 | 16 17 18 19 20 21 22 |
| 28 29 30 | 26 27 28 29 30 31 | 23 24 25 26 27 28 29 |
|  |  | 30 |

| THURSDAY | FRIDAY | SATURDAY | NOTES |
|---|---|---|---|
| 2 | 3 | 4 | |
| 9 | 10 | 11 | |
| 16 | 17 | 18 | |
| 23 | 24 | 25 | |
| 30 | 31 | | |
| ☐ | ☐ | ☐ | |
| ☐ | ☐ | ☐ | |
| ☐ | ☐ | ☐ | |
| ☐ | ☐ | ☐ | |
| ☐ | ☐ | ☐ | |

# NOVEMBER 2025

| SUNDAY | MONDAY | TUESDAY | WEDNESDAY |
|---|---|---|---|
|  |  |  |  |
| 2 | 3 | 4 | 5 |
| 9 | 10 | 11 Veterans' Day | 12 |
| 16 | 17 | 18 | 19 |
| 23 | 24 | 25 | 26 |
| 30 | | | |

### OCTOBER
| S | M | T | W | T | F | S |
|---|---|---|---|---|---|---|
|  |  |  | 1 | 2 | 3 | 4 |
| 5 | 6 | 7 | 8 | 9 | 10 | 11 |
| 12 | 13 | 14 | 15 | 16 | 17 | 18 |
| 19 | 20 | 21 | 22 | 23 | 24 | 25 |
| 26 | 27 | 28 | 29 | 30 | 31 |  |

### NOVEMBER
| S | M | T | W | T | F | S |
|---|---|---|---|---|---|---|
|  |  |  |  |  |  | 1 |
| 2 | 3 | 4 | 5 | 6 | 7 | 8 |
| 9 | 10 | 11 | 12 | 13 | 14 | 15 |
| 16 | 17 | 18 | 19 | 20 | 21 | 22 |
| 23 | 24 | 25 | 26 | 27 | 28 | 29 |
| 30 |  |  |  |  |  |  |

### DECEMBER
| S | M | T | W | T | F | S |
|---|---|---|---|---|---|---|
|  | 1 | 2 | 3 | 4 | 5 | 6 |
| 7 | 8 | 9 | 10 | 11 | 12 | 13 |
| 14 | 15 | 16 | 17 | 18 | 19 | 20 |
| 21 | 22 | 23 | 24 | 25 | 26 | 27 |
| 28 | 29 | 30 | 31 |  |  |  |

| THURSDAY | FRIDAY | SATURDAY | NOTES |
|---|---|---|---|
|  |  | 1 |  |
| 6 | 7 | 8 |  |
| 13 | 14 | 15 |  |
| 20 | 21 | 22 |  |
| 27 Thanksgiving | 28 | 29 |  |
| ☐ | ☐ | ☐ |  |
| ☐ | ☐ | ☐ |  |
| ☐ | ☐ | ☐ |  |
| ☐ | ☐ | ☐ |  |
| ☐ | ☐ | ☐ |  |

# DECEMBER 2025

| SUNDAY | MONDAY | TUESDAY | WEDNESDAY |
|---|---|---|---|
|  | 1 | 2 | 3 |
| 7 | 8 | 9 | 10 |
| 14 | 15 | 16 | 17 |
| 21 | 22 | 23 | 24 |
| 28 | 29 | 30 | 31 |

NOVEMBER
| S | M | T | W | T | F | S |
|---|---|---|---|---|---|---|
|  |  |  |  |  |  | 1 |
| 2 | 3 | 4 | 5 | 6 | 7 | 8 |
| 9 | 10 | 11 | 12 | 13 | 14 | 15 |
| 16 | 17 | 18 | 19 | 20 | 21 | 22 |
| 23 | 24 | 25 | 26 | 27 | 28 | 29 |
| 30 |  |  |  |  |  |  |

DECEMBER
| S | M | T | W | T | F | S |
|---|---|---|---|---|---|---|
|  | 1 | 2 | 3 | 4 | 5 | 6 |
| 7 | 8 | 9 | 10 | 11 | 12 | 13 |
| 14 | 15 | 16 | 17 | 18 | 19 | 20 |
| 21 | 22 | 23 | 24 | 25 | 26 | 27 |
| 28 | 29 | 30 | 31 |  |  |  |

JANUARY 2026
| S | M | T | W | T | F | S |
|---|---|---|---|---|---|---|
|  |  |  |  | 1 | 2 | 3 |
| 4 | 5 | 6 | 7 | 8 | 9 | 10 |
| 11 | 12 | 13 | 14 | 15 | 16 | 17 |
| 18 | 19 | 20 | 21 | 22 | 23 | 24 |
| 25 | 26 | 27 | 28 | 29 | 30 | 31 |

| THURSDAY | FRIDAY | SATURDAY | NOTES |
|---|---|---|---|
| 4 | 5 | 6 | |
| 11 | 12 | 13 | |
| 18 | 19 | 20 | |
| 25 Christmas Day | 26 | 27 | |
| ☐ | ☐ | ☐ | |
| ☐ | ☐ | ☐ | |
| ☐ | ☐ | ☐ | |
| ☐ | ☐ | ☐ | |
| ☐ | ☐ | ☐ | |

# Important Dates

| JANUARY | FEBRUARY | MARCH | APRIL |
|---------|----------|-------|-------|

| MAY | JUNE | JULY | AUGUST |
|-----|------|------|--------|

| SEPTEMBER | OCTOBER | NOVEMBER | DECEMBER |
|-----------|---------|----------|----------|

| Name & Address | Phone & Fax | Name & Address | Phone & Fax |
|---|---|---|---|
| | | | |

| Name & Address | Phone & Fax | Name & Address | Phone & Fax |
|---|---|---|---|
| | | | |

| Name & Address | Phone & Fax | Name & Address | Phone & Fax |
|---|---|---|---|
| | | | |

# Expense Tracker

| | January | February | March | April | May | June |
|---|---|---|---|---|---|---|
| **Fixed Expenses** | | | | | | |
| Mortgage/Rent | | | | | | |
| Utilities | | | | | | |
| | | | | | | |
| | | | | | | |
| | | | | | | |
| | | | | | | |
| | | | | | | |
| | | | | | | |
| | | | | | | |
| Total | | | | | | |

| | January | February | March | April | May | June |
|---|---|---|---|---|---|---|
| **Other Expenses** | | | | | | |
| | | | | | | |
| | | | | | | |
| | | | | | | |
| | | | | | | |
| | | | | | | |
| | | | | | | |
| | | | | | | |
| | | | | | | |
| | | | | | | |
| | | | | | | |
| Total | | | | | | |
| Total Expenses | | | | | | |

| | January | February | March | April | May | June |
|---|---|---|---|---|---|---|
| **Income** | | | | | | |
| | | | | | | |
| | | | | | | |
| | | | | | | |
| | | | | | | |
| Total Income | | | | | | |

| | January | February | March | April | May | June |
|---|---|---|---|---|---|---|
| **Savings** | | | | | | |
| | | | | | | |
| | | | | | | |
| | | | | | | |
| | | | | | | |
| Total Savings | | | | | | |

# Expense Tracker

| July | August | September | October | November | December | YTD Total |
|------|--------|-----------|---------|----------|----------|-----------|
|      |        |           |         |          |          |           |
|      |        |           |         |          |          |           |
|      |        |           |         |          |          |           |
|      |        |           |         |          |          |           |
|      |        |           |         |          |          |           |
|      |        |           |         |          |          |           |
|      |        |           |         |          |          |           |
|      |        |           |         |          |          |           |
|      |        |           |         |          |          |           |
|      |        |           |         |          |          |           |
|      |        |           |         |          |          |           |
|      |        |           |         |          |          |           |
|      |        |           |         |          |          |           |
|      |        |           |         |          |          |           |
|      |        |           |         |          |          |           |
|      |        |           |         |          |          |           |
|      |        |           |         |          |          |           |
|      |        |           |         |          |          |           |
|      |        |           |         |          |          |           |
|      |        |           |         |          |          |           |

| July | August | September | October | November | December | YTD Total |
|------|--------|-----------|---------|----------|----------|-----------|

# Expense Tracker

|  | January | February | March | April | May | June |
|---|---|---|---|---|---|---|
| **Fixed Expenses** | | | | | | |
| Mortgage/Rent | | | | | | |
| Utilities | | | | | | |
| | | | | | | |
| | | | | | | |
| | | | | | | |
| | | | | | | |
| | | | | | | |
| | | | | | | |
| | | | | | | |
| | | | | | | |
| Total | | | | | | |

|  | January | February | March | April | May | June |
|---|---|---|---|---|---|---|
| **Other Expenses** | | | | | | |
| | | | | | | |
| | | | | | | |
| | | | | | | |
| | | | | | | |
| | | | | | | |
| | | | | | | |
| | | | | | | |
| | | | | | | |
| | | | | | | |
| | | | | | | |
| | | | | | | |
| Total | | | | | | |
| Total Expenses | | | | | | |

|  | January | February | March | April | May | June |
|---|---|---|---|---|---|---|
| **Income** | | | | | | |
| | | | | | | |
| | | | | | | |
| | | | | | | |
| | | | | | | |
| Total Income | | | | | | |

|  | January | February | March | April | May | June |
|---|---|---|---|---|---|---|
| **Savings** | | | | | | |
| | | | | | | |
| | | | | | | |
| | | | | | | |
| | | | | | | |
| Total Savings | | | | | | |

# Expense Tracker

| July | August | September | October | November | December | YTD Total |
|------|--------|-----------|---------|----------|----------|-----------|
|      |        |           |         |          |          |           |
|      |        |           |         |          |          |           |
|      |        |           |         |          |          |           |
|      |        |           |         |          |          |           |
|      |        |           |         |          |          |           |
|      |        |           |         |          |          |           |
|      |        |           |         |          |          |           |
|      |        |           |         |          |          |           |
|      |        |           |         |          |          |           |
|      |        |           |         |          |          |           |

# Expense Tracker

|  | January | February | March | April | May | June |
|---|---|---|---|---|---|---|
| **Fixed Expenses** | | | | | | |
| Mortgage/Rent | | | | | | |
| Utilities | | | | | | |
| | | | | | | |
| | | | | | | |
| | | | | | | |
| | | | | | | |
| | | | | | | |
| | | | | | | |
| | | | | | | |
| | | | | | | |
| Total | | | | | | |

|  | January | February | March | April | May | June |
|---|---|---|---|---|---|---|
| **Other Expenses** | | | | | | |
| | | | | | | |
| | | | | | | |
| | | | | | | |
| | | | | | | |
| | | | | | | |
| | | | | | | |
| | | | | | | |
| | | | | | | |
| | | | | | | |
| | | | | | | |
| Total | | | | | | |
| Total Expenses | | | | | | |

|  | January | February | March | April | May | June |
|---|---|---|---|---|---|---|
| **Income** | | | | | | |
| | | | | | | |
| | | | | | | |
| | | | | | | |
| | | | | | | |
| Total Income | | | | | | |

|  | January | February | March | April | May | June |
|---|---|---|---|---|---|---|
| **Savings** | | | | | | |
| | | | | | | |
| | | | | | | |
| | | | | | | |
| | | | | | | |
| Total Savings | | | | | | |

# Expense Tracker

| July | August | September | October | November | December | YTD Total |
|------|--------|-----------|---------|----------|----------|-----------|
|      |        |           |         |          |          |           |
|      |        |           |         |          |          |           |
|      |        |           |         |          |          |           |
|      |        |           |         |          |          |           |
|      |        |           |         |          |          |           |
|      |        |           |         |          |          |           |
|      |        |           |         |          |          |           |
|      |        |           |         |          |          |           |
|      |        |           |         |          |          |           |
|      |        |           |         |          |          |           |
|      |        |           |         |          |          |           |
|      |        |           |         |          |          |           |
|      |        |           |         |          |          |           |

| July | August | September | October | November | December | YTD Total |
|------|--------|-----------|---------|----------|----------|-----------|

# Expense Tracker

|  | January | February | March | April | May | June |
|---|---|---|---|---|---|---|
| **Fixed Expenses** | | | | | | |
| Mortgage/Rent | | | | | | |
| Utilities | | | | | | |
| | | | | | | |
| | | | | | | |
| | | | | | | |
| | | | | | | |
| | | | | | | |
| | | | | | | |
| | | | | | | |
| | | | | | | |
| | | | | | | |
| Total | | | | | | |

|  | January | February | March | April | May | June |
|---|---|---|---|---|---|---|
| **Other Expenses** | | | | | | |
| | | | | | | |
| | | | | | | |
| | | | | | | |
| | | | | | | |
| | | | | | | |
| | | | | | | |
| | | | | | | |
| | | | | | | |
| | | | | | | |
| | | | | | | |
| | | | | | | |
| Total | | | | | | |
| Total Expenses | | | | | | |

|  | January | February | March | April | May | June |
|---|---|---|---|---|---|---|
| **Income** | | | | | | |
| | | | | | | |
| | | | | | | |
| | | | | | | |
| | | | | | | |
| Total Income | | | | | | |

|  | January | February | March | April | May | June |
|---|---|---|---|---|---|---|
| **Savings** | | | | | | |
| | | | | | | |
| | | | | | | |
| | | | | | | |
| Total Savings | | | | | | |

# Expense Tracker

| July | August | September | October | November | December | YTD Total |
|------|--------|-----------|---------|----------|----------|-----------|
|      |        |           |         |          |          |           |
|      |        |           |         |          |          |           |
|      |        |           |         |          |          |           |
|      |        |           |         |          |          |           |
|      |        |           |         |          |          |           |
|      |        |           |         |          |          |           |
|      |        |           |         |          |          |           |
|      |        |           |         |          |          |           |
|      |        |           |         |          |          |           |
|      |        |           |         |          |          |           |

# Expense Tracker

| | January | February | March | April | May | June |
|---|---|---|---|---|---|---|
| **Fixed Expenses** | | | | | | |
| Mortgage/Rent | | | | | | |
| Utilities | | | | | | |
| | | | | | | |
| | | | | | | |
| | | | | | | |
| | | | | | | |
| | | | | | | |
| | | | | | | |
| | | | | | | |
| Total | | | | | | |

| | January | February | March | April | May | June |
|---|---|---|---|---|---|---|
| **Other Expenses** | | | | | | |
| | | | | | | |
| | | | | | | |
| | | | | | | |
| | | | | | | |
| | | | | | | |
| | | | | | | |
| | | | | | | |
| | | | | | | |
| | | | | | | |
| Total | | | | | | |
| Total Expenses | | | | | | |

| | January | February | March | April | May | June |
|---|---|---|---|---|---|---|
| **Income** | | | | | | |
| | | | | | | |
| | | | | | | |
| | | | | | | |
| | | | | | | |
| Total Income | | | | | | |

| | January | February | March | April | May | June |
|---|---|---|---|---|---|---|
| **Savings** | | | | | | |
| | | | | | | |
| | | | | | | |
| | | | | | | |
| Total Savings | | | | | | |

# Expense Tracker

| July | August | September | October | November | December | YTD Total |
|------|--------|-----------|---------|----------|----------|-----------|
|      |        |           |         |          |          |           |
|      |        |           |         |          |          |           |
|      |        |           |         |          |          |           |
|      |        |           |         |          |          |           |
|      |        |           |         |          |          |           |
|      |        |           |         |          |          |           |
|      |        |           |         |          |          |           |
|      |        |           |         |          |          |           |
|      |        |           |         |          |          |           |
|      |        |           |         |          |          |           |

www.ingramcontent.com/pod-product-compliance
Lightning Source LLC
Chambersburg PA
CBHW060502240426
43661CB00006B/881